Mª DEL ANDERA

Sentir los colores

Ilustraciones: R. Estrada y J. Requena

Casals

De este libro existe una FICHA DE ANIMACIÓN A LA LECTURA Y UNOS JUEGOS ASOCIADOS.

Caspe, 79 - 08013 Barcelona.
Tel. 93 244 95 50. Fax 93 265 68 95
www.editorialcasals.com

Ilustraciones: R. Estrada y J. Requena (Crom)
Diseño de cubierta: Bassa & Trias con un dibujo de Rafael Estrada

Octava edición: abril de 2005
ISBN: 84-218-2399-X
Depósito legal: M-14.734-2005
Printed in Spain
Impreso en: Edigrafos, S.A., Getafe (Madrid)

A mi amigo Diego Mazón,
un hincha dialogante.

Introducción

Viví una historia parecida a esta no hace mucho tiempo, cuando tenía 12 años. La cuento distorsionando los hechos para que cualquier parecido con la realidad sea pura coincidencia. Los nombres son inventados, el único real es el del perro. En cuanto al lenguaje, me he tenido que controlar puesto que no es lo mismo emplear, en nuestra jerga habitual, expresiones poco correctas que dejarlas plasmadas en una página escrita. ¿Lo entendéis, verdad?

1
La derrota

Como siempre que había un partido importante, fue un día de nervios. Cuando todo terminó, más que disgustado, estaba al borde de la depresión. No podía creer el resultado. Casi sin probar bocado en la cena, me metí en la cama con la convicción de que me sería muy difícil conciliar el sueño. En la soledad de mi cuarto y con el auricular metido en la oreja oía la crónica de la jornada: "El Airiños hizo un viaje en el tiempo y recuperó uno de sus momentos más esplendorosos, aquella época en la que acumuló un carro de puntos. El Real Majéstic, tras una leve mejoría en las últimas semanas, volvió a mostrarse como un equipo roto, un grupito de futbolistas sin ninguna relevancia, simple títere en manos de un líder que tuvo a su alcance una goleada de magnitudes aún más bochornosa. Su peor defecto es que se despista o se aburre con la rutina".

En estas estaba cuando me interrumpió la voz de mi madre, siempre igual de inoportuna o al menos así me lo parecía entonces.

—Haz el favor de dejar la radio y dormir, mañana no habrá quién te levante para el colegio.

Siempre el cole. "Vaya un rollo" –pensé–. Obedecí

de mala gana. Apagué el aparato, lo metí debajo de la almohada dispuesto a sacarlo en cuanto el sueño se apoderase del resto de la familia. Lobi lloró un poquito desde la terraza, me dio pena y a punto estuve de abrirle para que compartiese habitación conmigo. Así había sido desde que lo trajo mi padre cuando era una bolita de seda, un bebé-cachorro. Ya era grande, demasiado para su edad y a veces no obedecía. Él solito se ganó el castigo el día que se orinó a los pies de mi cama y dejó una mancha en la alfombra que aún dura. Yo lo perdoné pero mi madre no olvida.

Cambié la emisora. Todas estaban con el mismo tema. Le echaban la culpa al "míster". Yo estaba de acuerdo. "A nadie se le ocurre –decía el comentarista– olvidarse de Petrovich en las últimas semanas y confeccionar un centro del campo netamente destructivo con Holguera y Risondo en los pivotes y Sancho como un anómalo interior derecho. Si a eso se añade la presencia de Ruti, otro futbolista que no acostumbra a pegarse a la banda, el resultado es que el Majéstic prescindió temerariamente de los costados para intentar cualquier ataque sobre el rival. El centro del campo del Majéstic se descompuso por todas partes ante la pujanza de Mario Solves y de un Jimi pletórico ante su ex-equipo. El propio técnico intentó rectificar sobre la marcha. Ya era tarde. La goleada comenzó a mascarse en la primera parte..."

Se fue diluyendo la voz pero mi cabeza estaba llena de imágenes de gloria y de derrota. Allí quedó solo aquel comentarista machacón que parecía gozar con la caída de los dioses.

Hoy me pregunto si no hubiese sido mejor permanecer despierto. Me habría ahorrado la angustia de ver a mi portero favorito, Castilla, deshecho en llanto. Un balón impulsado con mucha picardía se le coló entre las piernas. Los del equipo rival abrazados y en pelotón saltaban celebrando el triunfo. Castilla ocultaba la cara entre las manos. Para un portero de su categoría era un gol humillante. No pudo soportarlo y a la mañana siguiente los periódicos daban la noticia: "El gran portero Castilla acabó con su vida la noche de su más triste derrota".

—Quique, despierta –la voz era del "sargento semana" (mi madre)–. Aunque el día no presagiaba ser muy agradable –temía las burlas y los comentarios de los hinchas del Letimadrid– agradecí salir de aquel sueño, de aquella pesadilla que me había amargado el poco rato de descanso que me dejó aquel comentarista impresentable.

"El Majéstic volvió a mostrarse como un equipo roto, un grupito de futbolistas sin ninguna relevancia..." No dije ni los buenos días. Esas frases tan hirientes, esas imágenes del sueño con mi portero muerto... martilleaban mi mente con despiadada crueldad. "Un grupito de futbolistas sin ninguna relevancia..." ¡Cómo se podía decir aquello sin incurrir en delito de calumnia! La mañana estaba fría, saqué al perro para cumplir la obligación impuesta por toda la familia. Desde el primer día, antes incluso del momento en que acaricié aquella "bolita" sedosa, temblona y caliente que se acurrucaba en mis brazos y me miraba con ojitos tiernos pidiéndome que fuese su amo y protector, acepté de buen grado aquel deber como el más delicioso de los trabajos. Era justo que lo cumpliese, nadie en la casa lo quería y si entró fue por mi insistencia. Hasta el abuelo se puso severo aquella vez. Con toda solemnidad me hizo firmar un papel en donde él mismo había redactado las normas a seguir: 1ª Ocuparme de su aseo. 2ª Sacarlo a pasear. 3ª Enseñarle dónde y cuándo debía hacer sus necesidades. 4ª Evitar las peleas con otros perros. 5ª Tratarlo con cariño y nunca fomentar su agresividad.

De las vacunas y el aspecto sanitario se ocuparía él. El nombre, Lobi, también fue idea suya. Quería recordar a uno que tuvo, de joven, allá en el pueblo, cuando se dedicaba a labrar las tierras. Muchas veces me habló de él como un perro valiente, fiel, cariñoso y amante de su amo. La raza de pastor alemán y su parecido con el lobo acabaron por decidirlo.

Las tres primeras cosas que condicionan mi vida son: el Real Majéstic, Lobi y el abuelo. El orden no sabría establecerlo. Con tanta diligencia cumplo mis obligaciones respecto al perro que mi madre dice que ojalá pusiese la mitad de empeño en las cosas del colegio. Su frase favorita es "en lo que le gusta y cuando quiere es responsable". ¡Me ha fastidiado! ¡Y quién no! Al equipo y a Lobi los elegí yo, lo demás me ha sido impuesto. No he pedido ir al "cole", aunque bien mirado tampoco está bien, en el mundo en que vivimos, ser un zopenco. En esto lleva razón. Lo del

Majéstic no sé si ha sido libre elección o influencia del abuelo. Desde pequeño vi seguirlo con tal entusiasmo que me contagió. Él me regaló la primera camiseta, la primera bufanda. Desde entonces creo que empecé a sentir los colores.

Cuando volví del paseo mi hermana había dejado libre el cuarto de baño. Es una abusona, con eso de que es chica y es la mayor se apropia de ese espacio tan vital durante horas. Bueno, a lo mejor exagero y no son horas, pero sí lo suficiente para hacer temblar a la familia, que nos tenemos que conformar, la mayoría de las veces, con el aseo. Desde que tiene novio se ha vuelto más presumida. Mi madre, como mujer, parece que la comprende. Las grandes broncas eran con mi padre, que no entendía esas luchas con el espejo. Desde que se marchó las mañanas son más tranquilas, aunque si digo la verdad, prefería oír los grandes reproches, las voces, a ese vacío que siento desde que se fue. Tengo ratos de angustia, tanta que se me quitan las ganas de comer, y de estudiar... ¡no digamos! La imaginación se me va y pienso en lo que estará haciendo en su nueva vida y si aún me sigue queriendo. Mamá lo nota y está pendiente por si lloro cuando me voy a la cama, cosa que ocurre con frecuencia. Entra y trata de consolarme: "Hijo mío, son cosas que pasan en las parejas. Tu padre y yo hemos querido que, tanto tu hermana como tú, sufrieseis lo menos posible, pero cuando las cosas no funcionan lo mejor es que cada uno trate de rehacer su vida. Cuando seas un poco mayor comprenderás". Me consta que no habían querido hacernos daño porque nunca vimos broncas ni malos tratos. Yo empecé a comprender que algo raro estaba pasando entre ellos. Primero fueron las largas pláticas en su habitación a puerta cerrada. Hablaban bajito. Me habían enseñado que era de mala educación escuchar a través de las puertas, pero mi ansia por conocer lo que pasaba me hacía pegar la oreja por unos instantes a ver si captaba algo. Poca cosa, sólo los llantos de mamá y alguna voz de mi padre tratando de explicar lo inexplicable. Nunca la consolaba. Pronto mi madre se instaló en el cuarto de mi hermana, luego vinieron las ausencias de varios días por parte de papá. Yo esperaba a la vuelta algún reproche, alguna discusión... ¡nada! La televisión cubría los espesos silencios de las cenas. El día que, por fin, hizo su maleta nos llamó a mi hermana y a mí: “Hijos, me marcho de casa. Sois muy jóvenes para explicaros los motivos. Os quiero más que a nada en el mundo pero, a veces, la vida es así de dura. Es una decisión importante que repercute en todos. Vosotros sois las mayores víctimas, os pido perdón por el daño que os pueda causar. Es una resolución trascendente pero sigo siendo vuestro padre para todo”. “¡Vaya un consuelo!” –pensé–. “Sigo siendo vuestro padre”. ¡Naturalmente! En ese momento me hubiese agarrado a su cuello suplicándole que no nos abandonase, frené mis impulsos y me negué a darle un beso de despedida.

2
Una pelea

En cuanto regresé de mis deberes para con Lobi sonó el teléfono. Era el abuelo. Cuando murió la abuela vendió su antiguo piso, decía que le traía demasiados recuerdos y le ponía muy triste. Mamá le propuso venirse a vivir con nosotros, era su única hija y no quería verlo solo. Nuestra casa no es muy grande pero la solución era ponerle una cama en mi cuarto. A mí no me hubiese importado. Salvando las distancias de la edad, era un tío con buen "rollo", con él compartía muchas aficiones aunque la mayor era nuestra adhesión incondicional al Real Majéstic. Yo sabía que no iba a aceptar la propuesta porque conocía su carácter independiente, así que la solución que tomó fue la más acertada, se compró un piso muy cerca del nuestro. Éramos casi vecinos.

—Quique, no sufras por lo de ayer –me dijo a través del teléfono–, incluso los grandes tienen su baches, pero nuestro club tiene madera de campeón y remontará. Queda mucha liga.

—Ya lo sé, abuelo, pero tú no puedes hacerte una idea lo que va a ser aguantar a los hinchas del Letimadrid.

—No les hagas caso, es pura envidia, no te metas en

broncas. Recogeré a Lobi y te esperaremos a la salida de clase.

—De acuerdo, hasta luego.

Colgué el teléfono. Siempre me alegraba verlos a los dos intentando localizarme entre la marabunta que se formaba a la salida del cole. Lobi me saludaba poniendo sus patas delanteras sobre mi pecho y moviendo el rabo con una alegría desbordante. Me hacía cargo de la cadena y bajábamos los tres en amor y compañía como lo que éramos: tres amigos que se cuentan los incidentes de la jornada. A partir de los 12 años empecé a sentir, a veces, como una especie de vergüenza porque algunos compañeros, con muy mala intención, me decían que si aún necesitaba niñera.

Antes de salir tuve tiempo de llamar a Carlos, mi mejor amigo. También era del Real Majéstic y estaría tan apesadumbrado como yo.

—Voy a buscarte –le dije–, así llegaremos juntos y aguantaremos mejor el chaparrón.

—De acuerdo. El Pulga me ha llamado, voy a buscarlo. Iremos los tres.

El padre de Carlos era el gerente de una empresa de artículos de deporte, vendía a los mejores clubs y tenía muy buenas amistades con deportistas de todo tipo. Por esta circunstancia conoció al preparador físico del Majéstic y nos prometió buscar la ocasión para llevarnos un día a los entrenamientos, entrar en los vestuarios y saludar a nuestros ídolos. Imagínate la ilusión que nos hacía poder ver de cerca, estrechar la mano, traernos un autógrafo de Renato Carlos, Risondo,

Paul... ¡los mejores futbolistas del mundo! Pero no era eso lo que me unía a Carlos. Entiendo que una amistad no debe estar basada en la pura conveniencia. Seguiría siendo su amigo aunque fuese el más pobre y el más desvalido. Estuvimos juntos en la infantil, en la primaria nos pusieron en clases separadas y nos volvimos a juntar en la secundaria. A pesar de mis pocos años he tenido ocasión de comprobar que un amigo es algo más que un compañero que comparte aficiones, eso también, pero Carlos me animó, me acompañó, aguantó el mal carácter que se me puso cuando la separación de mis padres y eso no lo olvido. El Pulga se llama Antonio, el alias se lo decimos en plan cariñoso. Es bajito, inquieto y saltarín como una pulga. Se lo puso Andrés, otro de la panda que, aunque no es mala persona, le gusta poner motes y reírse de los demás. Yo se lo recrimino y le digo que se ponga en la piel de los otros a ver si le gustaría. Él me dice: "eres un estrecho, no lo hago con mala intención". No sé, el Pulga dice que no le importa pero yo creo que, a veces, sufre con nuestras risas.

Aún quedaban quince minutos para la entrada, así que los tres caminábamos lentamente. Estuvimos de acuerdo en llegar justo a la hora para evitar el encuentro con los de la otra banda, que estarían esperando para darnos "la vara".

—Tú –le advertí al Pulga–, haz el favor de entrar a clase y no hablar con nadie, si te vas de la lengua la podemos tener. Ya conoces a la banda del Rubio.

—Pero si son ellos los que siempre buscan bronca

–replicó–. Yo sé que hoy estarán más que contentos con la derrota de nuestro equipo, aprovechan siempre cualquier cosa para atacar.

—Por eso –intervino Carlos–. Debemos tener cuidado. La última vez que perdió el Leti nosotros también nos pasamos. Ahora tratarán de vengarse.

—Pero no todos son del Leti –aclaré.

—Bueno, pero ya sabes, el Rubio, que es el cabecilla, tiene una gran habilidad para juntar a gente que vaya en contra nuestra.

La rivalidad con la banda del Rubio era algo más que un antagonismo por el fútbol. Unas veces por su parte y otras por la nuestra, el caso era que siempre andábamos a la greña. Yo creo que nos tenían envidia porque en nuestra panda había chicas, en general sacábamos mejores notas que ellos y algunos llevábamos ropa de marca y por eso nos decían "los pijos". La cosa subió de tono cuando María, la hermana de Rubén, uno de ellos, se hizo amiga nuestra. Todos decían que ella estaba por mí, aunque yo, la verdad, al principio le hacía poco caso. No es que me cayera mal, era guapa y simpática, en esto no se parecía a su hermano, pero por aquel entonces yo tenía la cabeza llena de problemas y una chica no entraba en mis cálculos. Más adelante las cosas cambiaron, como luego contaré.

—¡Quique! –era la voz de María, que nos abordó casi a la llegada al colegio.

—Hola –respondimos, a la vez que esperábamos que se uniese al grupo.

—Siento la derrota. Ya sabéis que, aunque no soy hincha, simpatizo con el Majéstic.

—Tampoco es para tanto. En unas semanas esto está superado –dije convencido.

—Os podéis imaginar que os esperan mi hermano y los de su pandilla.

—¿Para qué? –preguntó Carlos.

—¡Vaya pregunta! No es la primera vez que pasa, pero ahora como los del Letimadrid temen que su equipo baje a segunda, están aún más rabiosos.

—Pues que se ocupen de arreglar lo suyo y dejen tranquilos a los demás –comentó el Pulga.

—Tú, mejor que te calles –respondió María– porque siempre eres el que va buscando bronca.

—Yo, cuando me atacan, respondo y a nuestro equipo lo tenemos que defender por encima de todo.

Allí estaban. En todos los corrillos, como todos los lunes, los comentarios eran sobre la marcha de la liga. Algunas chicas participaban pero la mayoría se afanaban en otros asuntos. Los rivales, sin mediar palabra, nos rodearon mostrando el pulgar para abajo, símbolo de la derrota.

—¡Y vosotros de qué vais! –les dije gritando–. Os falta media hora para bajar a segunda.

—Mira el pijo cómo se defiende –respondió el Rubio en actitud retadora.

Siempre, en los encuentros con él, lo que me sacaba de quicio no era lo que decía, sino el tono chulesco. No lo soportaba. Me puse enfrente desafiándole con la mirada. El timbre y la apertura de la puerta abortaron la bronca.

A primera hora teníamos clase de lengua y la cosa fue tranquila. Esperando al profe de matemáticas, que tenía que entrar a segunda, me levanté para tirar un papel a la papelera, momento que aprovechó el "enemigo" para ponerme la zancadilla y hacerme caer de bruces en el pasillo. Las risas fueron generales. Me levanté como un ciclón, me fui hacia él y de no llegar el profesor de inmediato, allí mismo lo pulverizo, tal era la rabia que tenía. Lo reté para el recreo.

—No le hagas caso –me sopló Carlos.

—A este le doy un escarmiento para que se le quiten las ganas de volver a ponerme en ridículo delante de la clase.

Tuve que cortar el diálogo, por lo bajito, porque todos tenían ya los libros y los archivadores dispuestos para recibir la explicación de José, el profe. Comenzó por la corrección de ejercicios. Ni los tenía hechos, ni maldita la gana de meterme en materia, así que transcurrió el tiempo sin enterarme de nada y mascullando la rabia. Hoy reconozco que la cosa no era para tanto, pero entonces estaba en un período tan sensible debido a mis problemas familiares que cualquier cosa hacía que, súbitamente, la adrenalina alcanzase los máximos niveles.

Por fin el timbre liberador. Sin ponernos de acuerdo, nos encontramos todos los más fieles seguidores del Majéstic, que también los había en otras clases, en nuestro sitio habitual. Trataban de calmarme pero yo no cejaba. Los del Rubio nos esperaban. Un grupo de mirones nos rodeó. Me fui hacia él y le devolví la zancadilla que, por lo inesperada, le hizo rodar por el suelo. Comenzaron los jaleadores que siempre disfrutaban con estos encuentros violentos. Algunos de los míos trataban de contenerme. Con un gesto les dije "dejádmelo a mí". Nos enzarzamos en un cuerpo a cuerpo que, afortunadamente, duró poco por la llegada del profesor de guardia que nos separó no sin gran esfuerzo.

—¡Ha sido él el que me ha provocado! –grité rojo de ira y resoplando por el esfuerzo y la tensión del momento.

Los grupos se disolvieron cada uno con su comentario y los dos "encausados" nos llevamos la consiguiente bronca.

A la salida me encontré con Lobi y el abuelo. Respondí al recibimiento del perro pero al abuelo ni palabra. Desde que murió la abuela comía en casa, por eso dejé de quedarme en el comedor del cole. Mi hermana ya estaba en la universidad y llegaba más tarde, mamá no regresaba del trabajo hasta casi anochecido, así es que la comida la hacíamos solos. Cuando llegaba ya tenía puesta la mesa y todo caliente en el microondas. Notó enseguida que algo me pasaba, insistió para que hablase pero yo me resistía más por miedo a que las lágrimas me traicionasen, que a contarle la verdad. No pude más y arranqué a llorar como un bobo. Pensaba lo que dirían si me viesen "los enemigos" y sentí vergüenza. Por otra parte el nudo se fue aflojando y ya más sereno pude comentarle, aunque todavía con voz entrecortada, lo ocurrido.

—Tienes que moderar ese temperamento tan impulsivo. No es para tanto. Pudo ser una broma.

—No fue una broma –grité con rabia al ver que no había comprendido nada de lo que le había contado–, tú no sabes lo ridículo que me sentí tirado en el suelo y siendo el objeto de las risas de todos. Y lo que más me sacó de quicio fue observar cómo las niñas también se burlaban, incluso María, que es la más amiga.

—Es mala costumbre, pero siempre provoca risas una caída.

—No entiendes nada, abuelo. El Rubio es mi enemigo y siempre busca la manera de ponerme en ridículo. Se la tengo sentenciada, te juro que ésta me la paga.

—Mira, Quique –respondió en un tono cariñoso y sereno, que era el que yo necesitaba–, estas cosas han pasado siempre entre chavales. Está bien que te defiendas pero es absurdo que vayas de gallo de pelea respondiendo como un matón de barrio a cualquier roce que surja. Siempre has sido inquieto, pero llevas una temporada que te enfadas por todo, respondes a todo el mundo de mala manera. Antes eras de otra forma, ¿qué te pasa?

Otra vez empezó el llanto, él aguantó acariciando mi cabeza. Tardé unos minutos hasta que las palabras me obedecieron.

—Es que estoy peor que un niño huérfano. Me imagino que si se muere tu padre sufrirás al principio y luego te resignas, pero eso de que te abandonen es muy fuerte. No le perdono a papá que nos haya dejado.

—No digas tonterías. Él te quiere. Algún día, cuando puedas comprenderlo, te explicará por qué se ha marchado. Se sigue ocupando de vosotros, os dedica parte de su tiempo, le pasa a mamá el dinero convenido. No llevas razón al sentirte abandonado. Además tienes el cariño de todos, yo creo que soy un buen amigo tuyo ¿o no?

—Sí, abuelo –dije ya más sereno–. Quiero que me comprendas. La rabia que me sale es parte del volcán que llevo dentro.

La comida se enfrió, pero llena de lágrimas hasta me pareció sabrosa.

3
Rodrigo

En esta casa sin padre cada uno iba a su bola. Anabel, en la universidad; además, trabajaba en una pizzería los fines de semana, y el tiempo que tenía libre lo dedicaba a estudiar y a salir con su novio. Mi madre con su trabajo y las tareas de la casa tenía bastante. El abuelo, con sus amigos del club y los viajes organizados con las personas de la tercera edad, se ausentaba durante varios días. Yo me sentía perdido y atolondrado. Aún ahora, pasados algunos años, creo que mamá se equivocaba al no hacerme partícipe de los problemas de su separación. Siempre era el mismo argumento: "eres demasiado pequeño para comprender", pero no era demasiado pequeño para afrontar mi impuesta orfandad. De esto parecía que nadie se daba cuenta. No a espaldas mías, pero sí sin una explicación directa, observaba cómo arreglaban los trámites legales. Desde que papá nos abandonó, siempre albergaba la falsa ilusión de su regreso, pero fue soñar en una quimera. Se estableció la pensión que cada mes debía abonar, sobre todo por mí, que era el menor. Por el régimen de visitas acordado, los fines de semana papá vendría a recogerme; mi hermana, que ya tenía 18 años, quedaba libre para venir con nosotros o no.

En estas tribulaciones buscaba a Lobi y juntos hacíamos los caminos de la tarde. Corríamos, entre los pinos, hasta la extenuación, el agotamiento físico me calmaba, entonces buscaba un lugar escondido donde descansar. Lobi, quieto, sólo con la cola zigzagueante, escudriñaba mi alma hasta que el manto de la noche borraba la candidez de su mirada. Siempre quedaba algún fleco gris que no lograba arrancar. Nos mirábamos como dos buenos amigos y atento, trataba de encontrar mis recónditos secretos. Por vergüenza no le hablaba pero a veces se me escapaban las palabras.

En una de las ausencias del abuelo, Rodrigo, el novio de mi hermana, empezó a frecuentar más la casa. A mamá esto no le hacía mucha gracia, puedo asegurar que no le caía bien porque decía que no tenía buena pinta, que había dejado los estudios, que vaya un porvenir trabajando de mensajero en una pizzería (en la misma que trabajaba mi hermana, por eso se conocieron). Las dos tuvieron una buena discusión. Anabel, mi hermana, se puso un poco borde y le dijo que ella era la persona menos adecuada para darle consejos porque su relación con papá había sido un fracaso. Yo creo que se pasó y vi a mamá cómo hacía un silencio y lloraba. A mí, particularmente, aquel sujeto que se había introducido como nuevo miembro de la familia, me caía bien, sobre todo cuando descubrí que era un fiel seguidor del Real Majéstic. Un tipo original. Llevaba el pelo rapado y, en la oreja izquierda, un pendiente y un tatuaje en el brazo con el escudo del equipo. Se sabía las alineaciones de los últimos 20 años. Hablaba con tal pasión y profería tales insultos contra el Barcarola que yo sospeché que era de los "Radicales" que siempre se destacaban en las gradas. Lo que sí tenía era una cultura futbolera impresionante. Me quedaba embobado oyéndole hablar de las distintas clases de goles: de tacón, de vaselina, de pizarra, en plancha, en parábola... y no sé cuántas cosas más. El peor de todos es el gol del honor, que siempre viene precedido de una goleada por el equipo contrario y en el último minuto marca el perdedor. El jugador que ha marcado marcha con la cabeza baja todo compungido. Siempre me hablaba como a un igual, sin tener en cuenta la diferencia de años, tenía 20, y eso me halagaba.

—Anabel se queja –me comentaba– porque dice que pongo al equipo por delante de ella.

—Creo que tiene razón –respondí.

—Mira, Quique, las mujeres no entienden. Yo quiero a tu hermana pero la afición, el apego a mi club está por encima de todo. Cuando hay una victoria el placer sobrepasa cualquier otra experiencia. Ten en cuenta que yo siento los colores más que un simple aficionado.

—Yo también siento los colores –dije un poco molesto porque parecía que él era el único que gozaba o sufría con los triunfos o las derrotas.

—Entonces debes estar dispuesto a partirle la cara al que no los trate con respeto.

—El otro día –comenté orgulloso– casi machaco a

uno de mi cole que hacía burla por la última derrota, si no llegan los profes lo dejo señalado.

—¡Buen chaval! –dijo mientras chocábamos las manos.

Me callé parte de la verdad, porque yo sabía que la pelea con el Rubio no fue sólo cosa del fútbol sino por haberme puesto en ridículo, sobre todo, delante de María.

—No olvides esto, Quique –me advirtió–, nuestros mayores enemigos son los seguidores del Barcarola, los del Letimadrid y los de la Real Soledad, y siempre por este orden.

—Eso ya lo sabía. En mi cole, del Barcarola no conozco ninguno, si lo hay se calla porque a lo mejor lo linchamos, pero del Letimadrid hay bastantes. Algunos son buenos chavales y se pueden tratar, pero a otros, como al Rubio, se la tengo sentenciada. Sin embargo los del Rayo Veloz son otra cosa.

* * *

Me marché al encuentro de mis amigos, que ya estarían en el parque. Iba pensando qué haría si de mayor tuviese una novia que no le gustase el fútbol. Nunca me lo había planteado pero después de lo de mi hermana con respecto a Rodri, me vino a la cabeza. "No hay lugar a dudas –pensé–, si sientes los colores de verdad, el equipo es lo primero. De todas formas, tiempo tendré para decidir, bastantes problemas tengo ahora como para añadir uno más con las chicas".

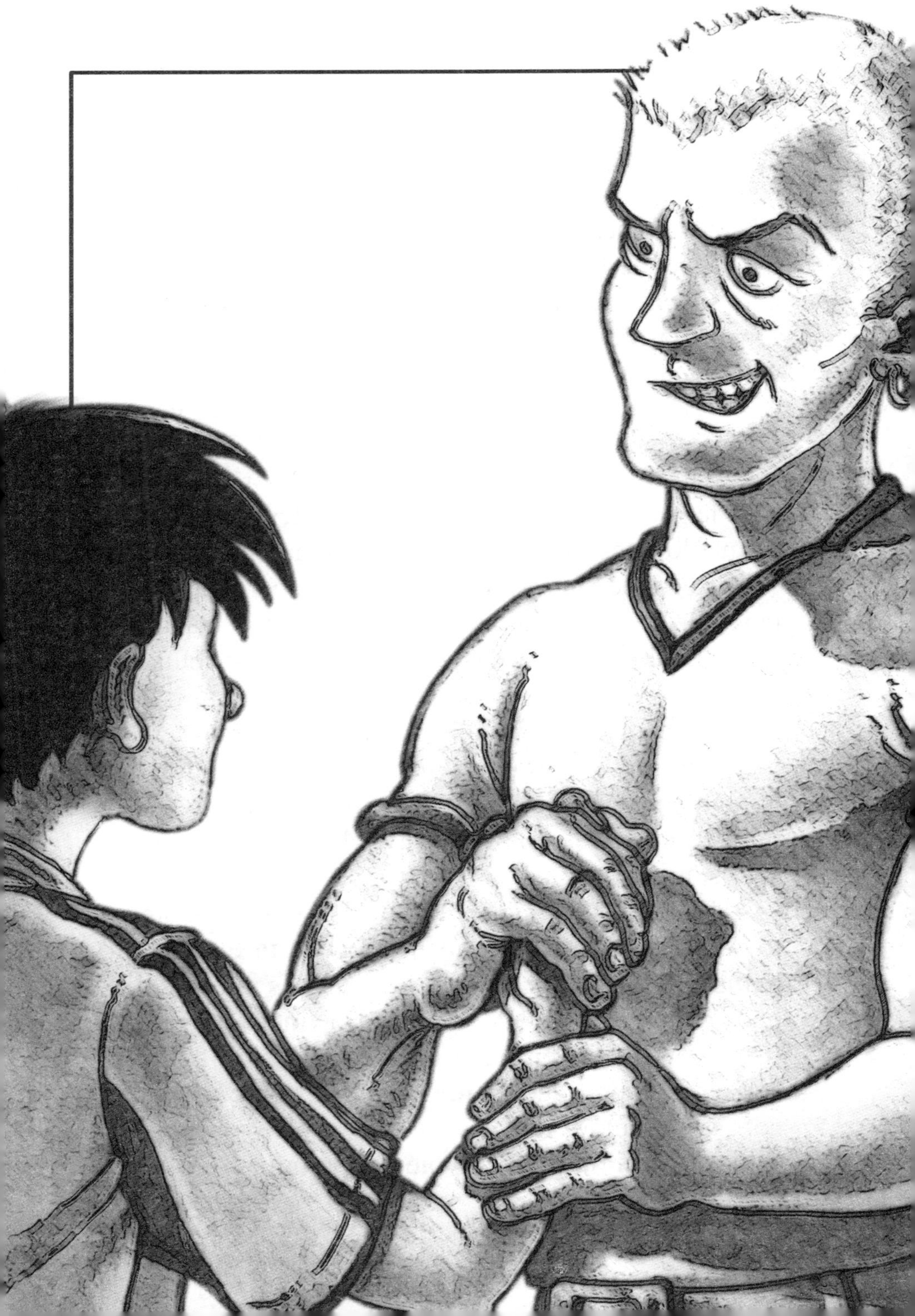

Delante de mis amigos presumía de todo lo que aprendía con Rodri. Sentados en un banco estaban Carlos, el Pulga, Toni y los otros de la panda; comentábamos la marcha de la liga. De todos, era Toni el que menos sentía los colores. Simpatizaba con el Majéstic pero sin pasión, por eso era capaz de ver las cosas de una forma más objetiva y más serena. Los demás, aunque comprendíamos los fallos, no nos gustaba comentarlos.

—Es verdad –dijo Toni– que el Costasol estuvo muy por encima del Majéstic.

—Tú no ves nada, chaval; le ganó por un gol, sí, pero le ganó, y eso es lo que importa –tengo que admitir que lo dije con un cierto tono de chulería.

—Reconoce que el de Peró jugó sin complejos, tratando de igual a igual al mejor equipo de España.

—Hombre, por lo menos reconoces que es el mejor –intervino Carlos.

—De eso no hay duda, pero como se descuide...

—Como se descuide ¡qué! Ten en cuenta que Ponientes está de baja y no pudo jugar. Ruti y Teca son promesas por las que apuesta Del Prado, pero ahora sólo son eso, promesas.

—El que está genial es Cárate, "el chino" –comentó Andrés–. Del Prado no lo sacó hasta el segundo tiempo para sustituir a Sancho y sólo dos minutos después de salir del túnel de vestuarios metió el golazo. ¡Qué tío! Tan joven tiene un gran porvenir. No olvidarse que fue el que marcó el gol de la victoria en la copa contra el Mérita.

—No sé si observasteis bien el partido, yo lo tengo

grabado y lo he visto varias veces –volvió a intervenir Toni–; el Costasol hizo siete disparos a puerta y veinte llegadas al rincón de Castilla.

—Bien, vamos a dejarlo porque falta poco para que se mida con el Barcarola, entonces hablamos –dije con el deseo de que no se siguiese hablando de la debilidad de mi equipo–. Oye, Carlos –continué–, ¿cómo van tus entrenamientos?

—Bien, ahora te cuento. ¿Sabéis una cosa? –Carlos era el que se leía las crónicas deportivas de los periódicos.

—¿Qué?

—En el partido con el Costasol, un tío racista exaltado comenzó a gritar insultos contra los jugadores negros del Costasol: "Negros, marchaos a vuestro país" –les decía–. La policía actuó enseguida y lo sacó de las gradas. Lo mejor ha sido que le han impuesto una multa de tres mil euros. A ése se le quitarán las ganas para otra vez.

—Sería de los Radicales –comentó el Pulga.

—No, según parece actuaba por libre. No estaba con ellos.

—Bueno, dime cómo vas con tu equipo.

—Fenomenal, chico. Nos han dicho que pronto vendrán los técnicos ojeadores del Rayo Veloz. Con vistas a esto, Víctor, el entrenador, nos está dando unas buenas palizas. Ahora –se lamentó– parece que ya no quieres nada con los amigos. Hace tiempo que no vas a vernos.

—De eso nada, sabes que eres mi mejor amigo, lo

que pasa es que el abuelo no está y tengo que ocuparme de Lobi.

Carlos se destacaba como deportista. Decían los entendidos que, en el fútbol, era una promesa. Me encantaba asistir a los entrenamientos y a los partidos; jugaba en los infantiles del barrio, venía de los alevines y aspiraba a pasar a los juveniles del Rayo Veloz. Bien le hubiese gustado pasar a la cantera del Majéstic, pero eso era un sueño. De momento, si llegaba al Rayo se podía dar por satisfecho. Su padre nos llevaba en el coche a los dos y últimamente sentía envidia de él por tener un padre tan preocupado por su hijo. Lo de Lobi fue una disculpa, la verdad era que los soliloquios con el perro me liberaban parte del lastre de mis aflicciones y, por otra parte, después de las charlas con Rodri me sentía más valorado. Eran cosas mías que nadie podía entender.

—Me marcho, chicos –dijo Toni que, como siempre, era el más responsable–, tengo que hacer los deberes.

Levantamos el campo, y de camino hacia casa me topé con María y Verónica. Estoy convencido de que el encuentro fue provocado.

—Hola, Quique –saludó María–, tengo que hablar contigo.

—Tú dirás.

—¿Has visto los letreros que hay en los servicios tanto de las chicas como en el de los chicos?

—Siempre hay bastantes, últimamente no me fijo.

—Hay uno de algún gracioso.

—¿Cuál? –pregunté intrigado por tanto interés.

—Uno que pone "Quique x María".

—¡Vaya una tontería!

—Eso digo yo, porque no es verdad.

—¿Y tú qué sabes? –se me escapó sin querer.

—Pues, chico, si es verdad bien que lo disimulas.

Toda la sangre se me agolpó en la cara. Como un tomate, tuve una salida poco airosa.

—Entonces invierte los términos. Debería poner: "María x Quique".

—Ni una cosa ni la otra, todos los chicos sois iguales, pensáis que nosotras no nos ocupamos de otra cosa.

—Yo no pienso en nada, has sido tú la que has querido liarlo. Si te molesta, mañana lo borras y en paz.

—Adiós. –dijo. Y se marchó haciéndome un desplante.

"¿Quién habrá sido el gracioso/a que ha querido gastarnos la broma? –pensaba una vez que nos despedimos– he sido un grosero después de descubrir que, a lo mejor, el letrero lleva razón".

4
El partido

Discutí con el Pulga cuando se descubrió que el letrerito de marras lo había puesto él.

—Eres un cotilla insoportable –le comenté enfadado.

—Pero si es verdad –me respondió en su defensa–, cada vez que la miras se te ponen ojos de carnero degollado.

—Eso lo dirás tú. Pero aunque así fuese, a ti es al que menos le importa.

—Hombre, eso tampoco, eres mi amigo y si te veo sufrir me preocupo.

—Tú eres un gili... Yo sufro por otras cosas pero no por una chica.

Todos me daban la razón y recriminaban la acción del Pulga, pero lo peor de todo fue que me sentí como desnudo delante de los demás porque, en parte, mi amigo llevaba razón. Desde aquel día y durante algún tiempo, María y yo seguíamos siendo amigos pero me daba vergüenza toparme con su mirada. Me ponía nervioso y temía que los demás se diesen cuenta. Ella, en cambio, aguantaba hasta que yo bajaba los ojos.

Mi madre, después de terminar todo el papeleo y las

entrevistas con abogados, entró en una especie de solaz y de contento que a mí me chocaba. No quería nada malo para ella, pero me hubiese gustado que echase más en falta a mi padre. Controlaba sus llamadas, si llegaba tarde la sometía a un verdadero interrogatorio, hasta que un día me lo dijo bien clarito: "Oye, niño, ¿qué te has creído? Tú no eres mi guardián, soy joven y tengo que vivir mi vida. Estás atendido: ¿te falta algo? Entonces no seas egoísta, y deja vivir a los demás". Fue tan tajante su respuesta que me dejó helado, contrariado, afligido, disgustado... en dos palabras: hecho polvo. Mi mente le daba la razón pero mi corazón se rebelaba.

Estábamos a pocos días de uno de los partidos más apasionantes de la liga: Majéstic-Barcarola. El abuelo seguía en Palma de Mallorca con sus amiguetes, así que Rodrigo se sentía con más libertad para entrar en casa. Yo, encantado porque nos pasábamos grandes ratos hablando siempre de lo mismo y haciendo pronósticos. Mamá sabía de mi amistad con él y, aunque como ya he dicho, no le caía bien, hacía la vista gorda y no me decía nada. Posiblemente fuese por compensar el daño que me hizo con aquella respuesta tan cortante sobre su vida o porque así vigilaba a mi hermana. En aquella tolerancia había tanto de lo uno como de lo otro. Por mi parte, genial porque pensé que había encontrado un amigo y un cómplice. Una tarde vino con una propuesta de "morirse": estaba intentando conseguirme una entrada para el que sería, sin duda, el partido del siglo. Yo había estado sólo tres veces en el campo, por invitación del abuelo que, aunque no tenía carnet porque decía que la pensión no daba para tanto, de vez en cuando conseguía dos entradas. Si sólo tenía una, lógicamente, era para él. Cualquier hincha vive todos los partidos con pasión, pero aquel superaba todas las expectativas. Estuve nervioso, sin sosiego, hasta la víspera que Rodri se presentó blandiendo la entrada como un trofeo. Las reventas estaban por las nubes y él no disponía de mucho dinero. Nunca supe cómo la consiguió pero era cierto que se había tomado interés. Estaría sentado a su lado, en medio de toda la jarca de Radicales cuya fidelidad al club tanto me fascinaba. Seguí mis impulsos y lo abracé con todas las fuerzas.

—¡Eres un tío genial! (Bueno, le dije otra palabra que no la pongo)

Y llegó el día. Madrugué más de la cuenta, tanto que mamá quedó sorprendida por mi diligencia; no entendía que me motivara más lo del partido que lo del cole, bueno, sí lo entendía pero hacía como que no y siempre estaba con lo mismo: "para lo que tú quieres..." Anabel no trabajaba hasta más tarde; la convencí para que me recortase el pelo y así se me quedaba de punta.

—Es una pena que no me haya dado tiempo, si no, hubiese ido al Rastro a que me pusieran un pendiente –le comenté mientras me pelaba.

—Trata de ser tú mismo y no imites a nadie.

—Mira quién fue a hablar: la señorita que siempre anda mirando a ver qué modelito le sienta mejor.

—Pero eso es diferente.

—Pues no veo la diferecia. A cada uno le gusta una cosa.

Dediqué a mi aseo personal más tiempo que nunca. Empecé a comprender a mi hermana, que hipotecaba el cuarto de baño por horas indefinidas. No tenía colonia y como en esta casa no hay nada más que mujeres, tuve que usar la de Anabel; deshice todo el ropero hasta encontrar la camiseta adecuada. ¡Maldición! la que tenía con el escudo del equipo y que me había regalado el abuelo, me estaba pequeña. Opté por una negra porque había observado que era el color favorito de Rodri, busqué los deportivos que tenían más plataforma, así subiría unos dos centímetros. Me sentí orgulloso con la imagen que me devolvió el espejo. Sí, eran doce años bien aprovechados, la verdad es que me faltaban sólo cuatro meses para cumplir los trece. Del cajón donde guardo mis tesoros, saqué la bandera y la bufanda. Cuando las estaba planchando pasó mamá por la cocina y no pudo reprimir el comentario:

—¡Quién lo diría! ¡Planchando y todo!

—Es que están muy arrugadas.

—Sí, sí, pero permíteme que me sorprenda. Nunca te he visto tan atento a tu indumentaria, siempre vas hecho un adán. Lo que hace falta es que te portes como una persona responsable, el partido de hoy es de los llamados de alto riesgo. No estaré tranquila hasta que vuelvas.

—No te preocupes –traté de tranquilizarla.

Preparé mis bocadillos y cuatro horas antes del

encuentro estaba junto a Rodri y sus amigos en un bar del centro donde habíamos quedado.

—Éste es Quique, mi futuro cuñado –me presentó.

Todos me acogieron con cariño y pronto me sentí entre ellos como lo que era, un colega con sus mismos deseos y aficiones.

Madrid era todo una fiesta. Los Radicales, los hinchas, los aficionados tenían tomada la ciudad. Bufandas, insignias, banderas con nuestros colores daban una imagen tan variopinta como homogénea. Los del Barcarola no se atrevían a enseñorear demasiado sus insignias recordando el desgraciado accidente que costó la vida, tiempo atrás, a uno de la Real Soledad. Se lo cargaron los locos del Frente Leti. Me dijo Rodri que la policía no dejaba entrar a los autobuses que traían a los Boixas y a los Punki de Barcelona. Los retenían en la entrada de la ciudad, llegaban sólo 15 minutos antes del encuentro y entraban directamente al campo. Todos bebían de manera desaforada. Yo tomaba coca-cola hasta que uno de ellos opinó que ya era hora de hacerme un hombre y me brindó una cerveza. No me gustó pero comprendí que tenía que estar a la altura de las circunstancias. Por un momento sentí una cierta flojera en las piernas, pero fue algo pasajero. Después de un bocadillo, vino otra que ya tomé con menos miedo. La juerga seguía hasta que por fin decidieron continuarla en los alrededores del estadio. Iban llegando hasta concentrarse en sus calles y sus bares favoritos. Hubo momentos en que me sentí perdido en medio de tanto barullo. Rodri, no sé si por la euforia o por la medio "torta" que tenía encima, pasaba de mí. A medida que se acercaba la hora aquello era una explosión de pasiones: banderas, girar de bufandas, saltos, petardos que no esperabas y te hacían saltar, bengalas ardiendo volando por los aires, gritos, cánticos alusivos al equipo y otros de matiz político que me gustaron menos. De momento perdí de vista a Rodri. Conseguí soltar el miedo y pregunté por él a uno de sus amigos. "No te preocupes –me dijo– ya aparecerá, seguramente habrá ido a poner el aire acondicionado". No entendí nada. Una bengala caída de no sé dónde, prendió la bandera que llevaba en la mano. Salté hacia atrás mientras intentaba apagarla con los pies. Quedó hecha una pavesa. Cuánto lo sentí, ya no podría ondearla durante el partido. En mi empeño por no quemarme, no advertí cómo pudo explotar un petardo llevándole parte del dedo a uno de los Radicales. Seguro que habría querido hacer una "machada" aguantándolo en la mano. Toqué mi entrada, que estaba a buen recaudo dentro del bolsillo. "Como tengo mi asiento al lado del de Rodri allí me juntaré nuevamente con él", pensé mientras advertía el aumento de bengalas y petardos. No fui yo sólo el que, en algún momento, sintió pánico. Una oleada de gente despavorida corrió calle abajo. Los dueños de los bares echaron los cierres para evitar que la avalancha les inundara el local. Decididamente era mejor entrar al campo. Allí estaría más seguro.

A todos nos cacheaban y nos revisaban las bolsas. No dejaban entrar objetos punzantes como navajas, machetes y cosas de esas, tampoco bengalas, petardos ni alcohol; naturalmente no lo necesitaban, lo llevaban dentro y en buenas dosis. Hasta llegar a mi asiento, tuve que saltar por encima del mosaico que ya estaban preparando con los colores y el escudo del equipo. Por fin llegué. Haciendo un esfuerzo para alcanzar las tiras, contribuí a su lucimiento debajo de la improvisada carpa de plástico.

—Hola, ya estoy aquí –era Rodri que llegaba un poco alterado.

—¿Dónde has estado? –pregunté con tono de reproche.

—Tú tranquilo, ya te explicaré. Hemos estado poniendo, entre unos cuantos, el aire acondicionado.

—¿El aire acondicionado? –pregunté cada vez más desconcertado.

—Deja eso ahora que tenemos que derrochar todas las fuerzas para animar al equipo.

Faltaban quince minutos para el comienzo. El campo era una sola garganta. Banderas enormes, pesadas, revoloteaban como plumas manejadas por un soplo, cánticos, gritos, voces jaleando, dando ánimos, piropeando a los nuestros o insultando, humillando al contrario. Las burradas más grandes las oyó Luis Felipe por ser un traidor y pasarse al enemigo. Era fácil el contagio y pronto dejé de ser yo para transformarme en un apéndice de aquel grupo vociferante que trataba de mandar energía a nuestros campeones.

"¡Campeones! ¡Campeones! ¡Oé, oé, oé!". Una y otra vez.

Como no podía ondear mi malograda bandera, me agarré a una pancarta que ponía "INFIERNO BLANCO". Era una buena advertencia a los de enfrente. Ahora tocaba cantar:

"No somos borrachos
no somos delincuentes
y no nos importa
lo que diga la gente.
Amamos nuestro Club
estamos a su lado
sólo somos chicos
algo descontrolados"

Cinco minutos para el partido y salen los jugadores al campo para el calentamiento. Agarrado a la pancarta seguía botando como un cuerpo ingrávido. El nombre de Renato Carlos, Paul... se extendía, se estrellaba en todo el recinto. Se agrandaron los silbidos y los insultos cuando salió el enemigo.

A penas tuve conciencia de que el juego en serio había comenzado, cuando Racinger le hace una falta a Banelka, que cae. Renato Carlos aprovecha y marca el primer gol. Aún no se habían apagado los ecos de "¡goooooool!" y después de una jugada en la que el balón anda suelto, Banelka lo empuja con tal fuerza que Arnay no lo puede parar y... "¡Goooool!". Las banderas vuelven a un frenético balanceo y el grito unánime de "¡Campeones! ¡Campeones!"... desgarra, quebranta, rompe los cuerpos que saltan en una alucinación colectiva. Con una mano sostenía la pancarta y con la otra giraba la bufanda. No encuentro palabras que puedan expresar lo que sentía. Envuelto en la nube de euforia, trataba de seguir el juego. Por la cara me pasaban los trapos locos de las banderas que, junto con mi menor estatura, me impedían el seguimiento del balón y de las botas que lo lanzaban. Alguno de atrás gritaba "¡sentarse!". Imposible. Los asientos aguantaban la carga de los brincos desaforados.

No paró el delirio durante el descanso. Una cadena de policías antidisturbios daba la cara a las gradas de los Radicales, entre los que me encontraba. En un momento de lucidez pensé: "estoy entre los míos, ahora sé lo que es sentir los colores".

Aún quedaba por llegar el tercer gol. A pocos minutos del final, Holgado mete el balón en el área de Ponientes, que se gira ante Gerardo y remata junto al poste izquierdo. Termina el partido con un 3-0, un final en el que la humillación del Barcarola corría paralela al orgullo, altivez y arrogancia de los nuestros.

La policía vigilaba estrechamente. Esperamos en nuestras localidades, siempre gritando, a que el campo estuviese más despejado. Observé, en todos los rostros iba plasmada la señal de la victoria. No sé si la idea partió de Rodri o de otro, la cuestión fue que, antes de abandonar la grada, de pronto me veo izado como un trofeo. Me agarré a la cabeza de mi portador y sobre sus hombros, como un torero, oí el honorífico nombramiento.

—¡Chicos, Quique nos ha traído buena suerte, desde hoy queda proclamado nuestra mascota! ¿Estáis de acuerdo?

POLI
POLI

—¡Quique! ¡Quique! ¡Quique!... –eran todos una sola voz.

Sin duda en ese momento cambió mi vida, no sé si para bien o para mal pero, desde luego, aprendí mucho en los días que vinieron.

Recogimos las pancartas, las banderas y todos los artilugios que nos habían servido para animar y mantener la tensión de la hinchada. Los dejamos guardados en un local que el club les tenía cedido y que además usaban para reuniones y encuentros donde acordaban las estrategias a seguir según el momento. Me di cuenta de la importancia que les daban los directivos a estos Radicales que perdían la piel por su equipo. Sentí orgullo de ser su mascota.

En la puerta nos esperaba mi hermana. Rodri y ella terminarían de pasar la noche juntos. Intenté, lleno de euforia, contarle todo lo vivido. No me dejó.

—Vete rápidamente para casa, mamá debe estar preocupada.

—Pero si ella también habrá salido –protesté.

Me resistía a dejar aquel ambiente de la posvictoria que prometía ser de lo más apasionante. Enterada del nombramiento de mascota me advirtió:

—No le comentes nada a mamá y ten cuidado, no te pares con nadie. Cuando calcule que has llegado te llamaré desde el móvil.

Me perdí entre la masa humana del metro, luciendo la bufanda del vencedor.

—Acaba de llamar el abuelo, que ha visto el partido desde Palma –me dijo mamá después de besarme–

quería hablar contigo. Se ha sorprendido cuando le he dicho que estabas en el campo. Volverá a llamar.

—¿Cuándo viene?

—Pasado mañana.

—Menos mal, tengo ganas de verlo y de comentar con él todo lo del partido.

—Cuéntame, lo he visto por la tele y ha sido alucinante.

—No te lo puedo explicar, es algo para vivirlo, el abuelo como es hincha sí que lo entendería.

Tuve que morderme la lengua para no decirle lo de mi nombramiento por parte de los Radicales. "No tengo que dar explicaciones –pensé–, igual que ella, yo también tengo derecho a vivir mi vida."

Por fin hablé con el abuelo.

—¡Somos los mejores! –me gritaba a través del teléfono– ¿Cómo has conseguido la entrada?

—Ya te contaré, abuelo, tengo muchas ganas de verte.

—Yo también. Un beso muy grande.

—Otro para ti.

Acaricié a Lobi y me fui a la cama con la radio en la oreja.

5
Salida con papá

Había llegado a un acuerdo con mi padre de que pasaría con él sólo los domingos. Los sábados los necesitaba para hacer los deberes y estar con mis amigos. La verdad era que vivía en una continua contradicción. Por una parte lo necesitaba, junto a él me sentía seguro, protegido. No sé si era una falsa apreciación pero siempre me creí su favorito, por eso no le perdoné el abandono. Nunca me dio una explicación clara de lo que pasó, así pues, el resentimiento seguía latente. Reconozco que tengo una especial tendencia a ser demasiado espontáneo para manifestar mis sentimientos, tanto de alegría como de pena, o sea que soy expresivo, extrovertido; más de una vez tuve algún disgusto por la maldita vehemencia, por tanto, con él, evitaba las conversaciones sobre cosas personales para guardar mi intimidad. Era una especie de venganza: "Tú no hablas, yo tampoco", pensaba.

La noche del partido dormí mal. Era tal la tensión que los nervios me hacían saltar en la cama. Cuando el sueño me vencía veía a mis héroes pasear triunfantes aclamados por la multitud, y luego pasaba a los Radicales que machacaban a un grupo de Boixas mientras uno de ellos, sangrando, salía del pelotón dando gritos de socorro. Agradecí a Lobi que, con sus llantinas, me sacara de aquel sopor tan molesto. Mamá me preparó el desayuno.

—No hagas ruido –me comentó–, tu hermana ha venido muy tarde y dentro de un rato entra a trabajar en la pizzería. Debe descansar.

—Qué suerte tiene.

—¿Por qué?

—Porque puede venir a la hora que le dé la gana.

—Es mayor de edad y además va con su novio. Tú no puedes quejarte. Eres muy jovencito, ayer estuve intranquila hasta que te vi llegar. Hay mucho gamberro suelto.

—Gamberros y maleantes hay por todos sitios. No pensarás que voy a estar recluido como un preso. Cuando tú sales yo también me quedo intranquilo, hasta que vuelves. En esto no pensáis los mayores. A partir de ahora, mami, tendrás que irte acostumbrando porque Rodri me va a invitar a algunos partidos y ya sabes lo que eso significa para mí –era consciente de lo que me jugaba, así que, haciendo de tripas corazón, endulcé el tono de mi respuesta. Mamá lo agradeció y me besó cariñosa. El halo de ternura me traspasó y, en un momento, añoré ser aquel niño pequeño que se refugiaba en su regazo hasta que todas las penas desaparecían–. ¿Ha llamado papá? –pregunté.

—No, lo hará pronto y dirá dónde os encontráis. Cuando habléis, le comentas esto que acabas de decir. La amistad de Rodri está bien, pero tú tienes que alternar con chicos de tu edad.

—Nadie está diciendo que vaya a dejar a mis amigos. Lo de Rodri es por lo del fútbol.

—De todas formas, se lo comentas.

—No creo que papá tenga autoridad para decidir dónde y con quién debo ir. Nos abandonó, así es que él viva su vida y yo la mía.

—Eres cruel al hablar así. Nunca dejará de ser tu padre, se sigue ocupando, sobre todo, de ti. Los problemas que hayamos tenido entre los dos, es cosa nuestra.

—Bien, vamos a dejarlo. ¿Vas a salir?

—Sí, pienso ir al cine con unas amigas.

—¿Con qué amigas?

—Ya estamos. Aquí las cosas son al revés, es el hijo el que controla a la madre.

—Tú también me controlas.

—No tanto como debiera. Últimamente andas muy distraído. Ya veremos las notas.

—Siempre con lo mismo, es lo único que te importa.

—No empecemos, Quique, es muy temprano para discutir. Saca al perro. Toma, coge la palita y la bolsa, eres un distraído, como yo no esté pendiente te la dejas y bien que te ha enseñado el abuelo a recoger las cacas del animal. Con la palita no cuesta ningún trabajo meterlas en la bolsa y dejarla en una papelera.

—¡Cómo te gustan los sermones! La mayoría de las veces la llevo sin que nadie me lo diga; lo que pasa es que, como tú no estás, no te enteras. Hoy se me olvidaba porque tengo muchas cosas en la cabeza. Además, soy el único que lo hace. No he visto a ningún dueño de perro tan cuidadoso como el abuelo y yo.

—Así están las calles, que tienes que ir con mil ojos. Deberían multar a los dueños que dejan el "regalito" para que otros lo pisen.

—Vale. Vamos, Lobi.

La mañana estaba fresca. A diferencia de otras veces, lo dejé que corretease a sus anchas. Después de un galope me buscaba para que lo siguiera. "No, Lobi, corre tú solo, no tengo ganas, estoy cansado". Para ponerlo contento recurrí a su juego favorito. Busqué un tenue rayo de sol y, sentado a su abrigo, lanzaba, lo más lejos posible, un palo que diligente lo traía para depositarlo en mis manos y repetir el lanzamiento. Media hora necesitó hasta que agotó toda la vitalidad de cachorro. ¡Cómo me conocía! Quieto, trató de escudriñar con la mirada mi yo más oculto. A través de mis dedos, hurgando alrededor de sus orejas, recibía mis mensajes:

"Ya se me están pasando un poco los nervios del partido, Lobi. ¡Qué partidazo! Los del Barcarola están que rabian porque el Majéstic sólo ha perdido un partido de los nueve de Liga, ya se despega cómo campeón. Metido entre los Radicales me olvidé de todo, hasta de la pelusa que me daba Carlos acompañado en la grada por su padre. ¡Qué suerte tiene! No me dio tiempo de saber de quién partió la idea de nombrarme "mascota", ¡es fabuloso! Esto me facilitará el asistir a los encuentros. Por una parte, como comprenderás, me hace mucha ilusión y por otra me da un poco de miedo. Los veo demasiado fanáticos. No se lo diré a Rodri porque pensará, y con razón, que no siento los colores y que soy un desagradecido. Tuve pánico, sobre todo cuando me quedé solo envuelto en aquel barullo de voces y gente medio (¿sólo medio?) borracha. ¿Y eso de poner gratis el aire acondicionado? No me da buena espina. Tengo que enterarme. Junto a mi hermana, hubiese seguido toda la noche con ellos. Como siempre, esto de ser mayor para unas cosas y pequeño para otras, es un rollo. Ella pudo venir a la hora que le dio la gana y yo, en lo mejor, para casa. Mamá me trata con cariño y a pesar de todo siento rabia hacia ella. Ya veremos lo que pasa cuando vengan las notas. Presiento que va a ser un desastre. El tutor me dijo, el otro día, que fuesen papá y mamá para hablar con él. No les he dicho nada, aunque sí me gustaría verlos juntos hablando de mí, pero ya sé lo que les va a decir: que no doy ni clavo, y temo la bronca y que me quiten de ir con Rodri. A veces quiero justificar mi vagancia cargándole las culpas a la separación de papá y mamá y a los problemas que esto ha provocado en mí. Reconozco, aunque nunca lo confesaré, que es la postura del vago. Se está mejor con los amigos o jugando con la vídeo-consola. Una vez que pierdes el ritmo de la clase te cuesta mucho engancharte de nuevo. Ésa es la pura verdad, se está mejor vagueando que con el rollo de los deberes. No sé en lo que terminará todo esto. Seguro que saldrá el ejemplo de mi hermana que estudia y trabaja. Eso me pone enfermo. Voy a lo de antes, el hacerse mayor tampoco es una bicoca.

Te cargan de responsabilidades. Al final llegaré a la conclusión de que lo único interesante es el fútbol. Echo de menos al abuelo. Además de verlo y comentar lo del partido, seguro que me trae un regalito".

Entrando en casa, sonó el teléfono. Era Carlos.

—Oye, Quique, nos vemos luego. Tenemos que hablar. Estuve buscándote a la salida y no te vi.

—Es que me fui enseguida, mi madre estaba preocupada.

—¡Vaya partidazo, tío! ¿Has visto cómo Banelka ha espabilado?

—Ya era hora, tiene que justificar los millones.

—Eso digo yo. Bueno ¿dónde quedamos?

—No puedo, tengo que irme con mi padre.

—Te vamos a echar de menos, he quedado con los demás. Estamos todos locos.

—Pues imagínate yo. Ahora no puedo, pero tengo que contarte, sólo a ti, una cosa.

—No me dejes intrigado, dime al menos de qué se trata.

—No puedo, mañana hablamos.

—¿Es de María?

—¿Eres idiota? ¿Qué tengo yo que ver con María?

—Tú sabrás.

—Bueno, tío, te dejo que estoy esperando la llamada de mi padre. Hasta mañana.

Apenas colgué, otra vez el timbre. "Éste es papá", pensé.

—Hola, Quique –sonó una voz femenina–, soy María. Lo primero, enhorabuena.

—Gracias. ¿Qué tal está tu hermano?

—Te lo puedes imaginar, no hay quién lo aguante y encima de la victoria del Majéstic, el Leti va y pierde. Los chicos os complicáis la vida con esto del fútbol.

—A muchas chicas también les gusta.

—Sí, pero menos. ¿Qué vas a hacer hoy? –preguntó cambiando de tono.

—Voy a comer con mi padre. Seguramente, luego iremos al cine.

—Entonces no nos podemos ver.

—Hoy va a ser difícil. Mañana a la entrada de clase.

—Es que quiero que estemos los dos solos.

—¿Por qué los dos solos?

—No te lo puedo decir por teléfono. Pero si te da corte, lo dejamos.

—Eres tonta ¿por qué me va a dar corte?

—No sé... Bueno, entonces mañana nos vemos.

—Hasta mañana.

Si María hubiese visto el cortazo que tenía encima cuando colgué el teléfono ¡me da algo! "Esta chica no está buena –pensaba– ¿a qué vendrá tanto misterio...? ¿Y eso de vernos a solas? Puede ser que de verdad tenga un problema y no es de buenos amigos darle de lado. O quizás quiera ligar, y en este caso ¿qué hago? No quiero compromisos, ¡lo que faltaba!, y sin embargo me gusta que las niñas se fijen en mí. Espero que mis amigos no se enteren de nada, porque si no ¡cualquiera aguanta la vara que me darían!

Otra vez el timbre.

—¿Qué pasa con el teléfono que lleva dos horas

comunicando? –era la voz de papá enfadado.

—Es que me han llamado. ¿Vienes por mí o nos vemos en algún sitio?

—Me da igual.

—Pues vente para mi casa. Te espero.

Siempre que decía "mi casa", sentía pena. Ya la nuestra la consideraba como extraña. Por otra parte, cuando me citaba allí, sentía el temor de que al llegar me encontrase con una novia nueva. Era otra de las razones por las que no quería quedarme en "su casa" a dormir. Podría aparecer una mujer y no lo resistiría. Con mamá me pasaba lo mismo. Cuando tardaba en volver, en las salidas con sus amigas, me la imaginaba al lado de otro hombre y me ponía rabioso.

Estuvimos comiendo en un Burger. Comentamos el partido. Se interesó por mi relación con Rodri.

—Es muy simpático. Ha prometido buscarme entradas siempre que pueda.

—Espero que todo esto no te distraiga de tus estudios. ¿Has recuperado las dos asignaturas que te quedaron en la última evaluación?

—No sé –dije con el mayor cinismo, intentando disimular mi delito.

—Pídele hora al tutor, intentaré hacer un hueco a ver si hablo con él.

—Ahora tiene muchas visitas. No creo que pueda recibirte –respondí con una frialdad pasmosa que a mí mismo me sorprendió.

—De todas formas, tú díselo. Siempre has sido un buen estudiante. A ver si ahora que ya vas siendo mayor empiezas a fallar.

—Es que la secundaria es muy difícil.

—No digas tonterías. Tú puedes con eso y mucho más.

—Estás equivocado. En la última evaluación fueron poquísimos los que tuvieron todo aprobado.

—A mí no me importan los demás.

—Eres como mamá, no te preocupas nada más que por las cosas del colegio.

—¿Tienes algún otro problema? Cuéntame.

—No, mejor lo dejamos.

—No lo dejamos, soy tu padre y tengo derecho a saber.

—¿Derecho a saber? –fue una pregunta-respuesta que, por el tono insolente que empleé, provocó su desconcierto.

—Escucha, Quique, para un rato que nos vemos, no quiero armar bronca, pero no consiento que me hables en ese tono.

—No sé hablar de otra forma.

—Eres un descarado y ten en cuenta que si me fallas tomaré medidas.

Conocía la entereza de su carácter y opté por no seguir desafiando porque me tocaría perder.

—¿Qué película vamos a ver? –dije, cambiando de tono y de tema.

—Me da igual, la que quieras –respondió lacónico.

El resto de la tarde pasamos el tiempo hablando de cosas intrascendentes: Lobi, el abuelo...

Echamos un vistazo a la cartelera y elegí. No pude

concentrarme en la acción de la pantalla sólo pensando en la que se me venía encima. Me despidió en el autobús.

Rebajé la tensión viendo, en la tele, la crónica deportiva. Alegría porque el Letimadrid había perdido, pero el Airiños estaba imparable, eso me gustaba menos.

6
Venganzas personales

El Butano era un chaval que se llevaba bien con los del Leti y los del Majéstic. Hincha del Rayo Veloz, todos le teníamos simpatía. Nunca fue buen estudiante. Entre nosotros se comentaba que en su casa había muchos problemas: que si padre borracho, que si nadie le hacía caso... No sé. Nunca me ha gustado meterme en la vida de los demás. Le decíamos Butano porque, tal como é mismo contaba, su madre le pegaba con la goma de la bombona.

Aquella mañana del pospartido me lo encontré nada más salir de casa, camino del colegio.

—¿Qué te ha pasado? –le pregunté al comprobar que llevaba varios esparadrapos en la cabeza y el brazo en cabestrillo.

—Ayer –me respondió compungido–, al cruzar por un paso de cebra, me atropelló un coche. Tuve que ir a urgencias.

—¿Tienes mucho?

—En la cabeza una brecha. Lo menos veinte puntos. Y en el brazo fractura.

—¡Vaya, hombre! Lo siento.

Un poco más arriba ya me esperaban, como siempre, Carlos y el Pulga. Nos abrazamos en plena calle y juntos coreamos "¡campeones!, ¡campeones!" El Butano nos miraba y se reía. Después de la explicación por las heridas, continuamos.

—¡Cómo estarán el Rubio y compañía! –comentó el Pulga.

—Mira –dijo Carlos–, yo no tengo ganas de bronca. Así es que lo mejor será que pasemos de ellos. Bastante penitencia tienen que sufrir por la marcha de su equipo.

—Yo tampoco quiero pelea, pero no voy a achantarme; si tengo que gritar, grito.

—¿Te acuerdas, Carlos –comentó el Pulga–, cuando perdimos con el Airiños?

—¡Qué pregunta!, ¿no me voy a acordar?

—Ellos nos rodearon haciendo la señal de la derrota. Pues ahora nosotros los rodeamos haciendo la señal de la victoria. ¡Que se fastidien!

—En el recreo echaremos un partido –continuó Carlos–, llevo el balón. Tú, Pulga, que eres más rápido, sales corriendo para coger pista. Ya sabes lo listos que son los de segundo que, por ser mayores, se creen con derecho a todo.

—Tenéis mucha cara, siempre me toca a mí.

—Es que a ti se te ve menos a la hora de salir a escape –dije bromeando.

—Sois muy graciosos; me parto la cara defendiendo la pista y luego no puedo dar una patada al balón, siempre me ponéis de portero.

—Hoy te prometo que vas a jugar en los medios

–aseguró Carlos que, como dueño del balón, asignaba los puestos.

No sé si es que no querían unirse en la desgracia o temían recibir juntos el varapalo, el caso fue que, cuando llegamos a la puerta de entrada, los "enemigos" estaban dispersos, cada uno en un grupo distinto. Sin previo acuerdo, los seguidores del Majéstic buscamos, particularmente, al Rubio. Desconcertado y rabioso, trataba de salir del cerco formado por los majésticos unidos que saltábamos alrededor imitando las danzas y los gritos indios. Todos reían la ocurrencia, pero sobre todo las chicas.

—Sí –gritaba con rabia sabiéndose aludido a su condición de "indio"–, vosotros sois tan imbéciles que dais por ganada la liga, pero sólo habéis ganado tres puntos y queda mucho por delante. Ya veremos al final.

—¿Qué dices? –respondí desde mi euforia–. Vete preparando porque vamos a hacer doblete, ganaremos la liga y la copa.

—¡Menos lobos, fanfarrón! –seguía gritando–. De esto os vais a acordar.

Nos dispersamos ante la llegada de los profes que, al ver al Butano de esa guisa, preguntaban por lo ocurrido. Una y otra vez él contaba la misma historia.

—Haberte quedado en casa –comentó el tutor con una mirada de compasión.

—Es que me aburro, prefiero estar aquí con los compañeros.

—De acuerdo, pero si te mareas o te sientes mal, me avisas.

—Sí, gracias.

Entramos en clase con los nervios en el cuerpo. Yo, como últimamente, ajeno a las explicaciones y pendiente de que llegase la hora del recreo para jugar el partido previsto. Sonó el timbre. El Pulga saltó de su asiento para cumplir su misión. En décimas de segundo, el Rubio se apoderó del balón de Carlos y lo lanzó, en un chutazo enorme, hacia el techo y a punto estuvo de romper uno de los tubos de luz.

—¡Dadme ese balón! –sonó la voz del profe–. Tengo advertido que dentro de la clase no se puede sacar. Lo siento, pero queda confiscado, al menos, por un mes.

—Profe, es mío, yo no tengo la culpa, ha sido Paco (el Rubio) que me lo ha quitado.

—Lo siento, habed tenido más cuidado. Me tenéis harto y tengo que daros un escarmiento. No pierdes la propiedad, pero de momento este balón queda bajo mi tutela.

—No es justo –protestó Carlos mascullando su rabia.

Mientras tanto, el Rubio había desaparecido. Seguimos a Carlos, que lo buscaba para darle su merecido.

—Déjalo –traté de tranquilizarlo–, nos van a fichar porque siempre andamos de pelea. Mañana buscamos otro balón y tendremos más cuidado.

—De acuerdo –admitió Carlos–, de momento lo dejo, pero este "capullo" no se ríe de mí.

* * *

En casa estaba el abuelo.¡Qué sorpresa!

—¿Cómo te ha ido? –pregunté envolviendo su cuello con todas las ganas.

—Muy bien, pero te he echado de menos. Tantos días entre viejos, harta. ¿Qué tal el partido? ¡Menuda suerte estar en el campo en un partidazo como éste!

—Sí, y hay más cosas.

—Cuenta.

Aquel secreto de ser nombrado mascota me estallaba en el pecho, así es que le conté de pe a pa todo lo que pasó. Me atendía sin pestañear, y cuando di por terminada la confidencia me dijo:

—Ten cuidado, Quique, esa gente es muy violenta.

—No soy tonto, abuelo, voy a cumplir trece años y sé lo que me hago.

—¿Lo sabe mamá?

—No, y te pido, por favor, que no le digas nada. Ella no entiende lo que esto supone para mí. A ti te lo cuento porque eres hincha y lo comprendes.

—De acuerdo, pero prométeme una cosa.

—¿Qué?

—Que me dirás todo lo que veas y pase entre ellos.

—De acuerdo, abuelo.

Chocamos las manos como dos buenos colegas.

—Te he traído un regalo. ¿No te lo imaginas?

—No. Venga, dámelo ya, me tienes intrigado.

Con los nervios, no atinaba a desenvolver aquella cajita cubierta de mil papeles.

—¡Un teléfono móvil! ¡Con las ganas que tenía! –casi grité a la vez que le daba un beso de agradecimiento.

—Tiene un crédito de treinta euros. No te vayas a volver loco y las “machaques” en tres días. Esto es sólo para cuando lo necesites.

—No, lo que haré será usar el sistema de mensajes. Es más barato.

Lobi no dejaba de dar vueltas como un niño al que nadie le hace caso. Con la emoción del abuelo no le había prodigado las caricias que él esperaba.

—Hola, Lobi –le dije mientras rascaba su cabeza–, sabes que eres muy importante para mí.

* * *

Fue una pura carcajada cuando, al final de la última clase de la tarde, vimos cómo el Butano se despojaba de todo el atuendo de hospital y aparecía una cabeza y un brazo sin rastro de atropello, heridas ni nada que se le pareciese. Fue pura farsa. Se había quedado con todos.

—Eduardo (era el Butano) –dijo Adela, la profe de Naturales, sin dejar de reír–, no abuses de estas bromas porque te puede pasar como al del lobo.

Salimos sonrientes y comentando la ocurrencia. Carlos y yo nos separamos del grupo. Los dos teníamos cosas que contarnos.

—El Rubio ya se ha llevado su merecido.

—¿Qué le has hecho?

—Tú sabes que, aunque es un “capullo”, le importan mucho las notas y, la verdad, el curso lo lleva bien.

—¿Y eso qué tiene que ver?

—Seguí la pista a su mochila y en el recreo del comedor saqué el archivador donde tenía los deberes hechos y se lo "embarqué" al tejado. En medio de la rabia, quiso recuperarlo, pero las cuidadoras se lo impidieron. Más tarde recurrió al director y le contó su desgracia. Tampoco le permitió subirse alegando, con razón, que era muy peligroso.

En clase de Naturales, ya lo has visto, como no pudo presentar los ejercicios, le han puesto un negativo.

—Ten cuidado porque tratará de vengarse.

—Ya me ha amenazado, no le tengo miedo, de momento él sale perdiendo porque yo busco otro balón pero no tengo que repetir todo el trabajo del fin de semana.

Aunque me moría de ganas, no comenté con mis amigos lo del nombramiento de mascota, temía que la noticia, por insólita, corriera de boca en boca y de alguna forma llegase a mi madre. Pensé que a mi mejor amigo se la tenía que contar.

—¡Macho, qué suerte tienes! Eso de estar entre esa gente tiene que ser una pasada, pero ten cuidado no te vayas a ver metido en un lío.

—¡Qué va! Gritan mucho animando al equipo, pero nada más. Oye ¿tú sabes lo que quiere decir "poner el aire acondicionado gratis"? Lo oí comentar y en un momento determinado, Rodri desaparció. Luego me dijo que había ido a "eso". La verdad, estoy un poco mosca.

—No lo sé pero se lo preguntaré a mi padre que está muy enterado. Te llamo para decírtelo. Hablando de

otra cosa: el domingo jugamos los infantiles un partido muy importante, vendrán los ojeadores del Rayo Veloz. Según el entrenador, hay muchas posibilidades de que me elijan. ¿Vendrás a verme?

—Desde luego, si he ido otras veces ahora con mayor motivo. ¡Ah! El abuelo me ha regalado un móvil, toma el número, mejor me llamas a él, hablaremos con más libertad.

—Hasta luego.

Tomando la merienda sonó el teléfono.

—Soy María ¿nos vemos un rato en el parque? –preguntó decidida.

—Vale, dentro de diez minutos.

La verdad es que con tantas cosas me había olvidado de ella. De momento recordé y me entró una enorme curiosidad.

—Sabes que mañana dan las notas –comentó nada más encontrarnos.

—Sí, y me estoy temiendo lo peor.

—Por eso quería hablar contigo. Estamos en la misma situación y la verdad es que no duermo. Nunca he tenido tantos suspensos y temo la reacción de mis padres.

—Eso digo yo pero ¿qué podemos hacer?

—A ver a ti qué te parece. He pensado marcharme de casa.

—¿Marcharte de casa? Tú estás loca. Recuerda lo que le pasó a Roberto, el de la B, se marchó y estuvo toda una noche deambulando por Madrid, buscando refugio en los portales, escondiéndose como un delincuente. Al final lo encontró la policía medio congelado. Eso quítatelo de la cabeza. Apechugaremos con todas las consecuencias. Reconoce que ha sido culpa nuestra.

Seguimos un rato dándole vueltas al tema y al final terminamos como al principio: sin solución. A pesar del miedo por las notas, llegué a casa con una agradable sensación porque María había preferido confiar en mí.

7
El viaje

Por fin recogí la cosecha merecida: me tiraron cinco asignaturas, era justo lo que había sembrado. El boletín de notas delataba el desastre, por eso tuve buen cuidado de que nadie lo viese. Estaba acobardado y no sabía lo que hacer. Tarde o temprano la cosa se descubriría y posiblemente fuese peor. Sin ser un estudiante empollón, siempre había cumplido más o menos bien, por eso no sabía la reacción de la familia, me dolía la frustración del abuelo que tanta confianza tenía en mí. Mis miedos estaban justificados después de comprobar lo que le pasó a María. Quiso pasar el mal trago de una vez: entregó el boletín nada más llegar a casa. La decisión de la familia fue tajante: no saldría durante un mes, o al menos hasta que recuperase. Sólo la veía en las entradas y las salidas, tenía que cumplir su condena. El abuelo se dio cuenta que a mí me daba corte el que fuese a buscarme y cada vez eran menos frecuentes los encuentros al salir de clase. ¡Qué tío más inteligente! Intuía mis deseos, mis neuras, mis traumas... antes que yo. Para él era como de cristal. Este querido abandono permitió que María y yo hiciésemos el camino hasta casa, lento y pausado. Sobre todo hablábamos de las notas; ella me decía que abordase el problema lo antes posible, que mi postura era de cobardes. En parte llevaba razón. En esto y en otras cosas, comprobaba que eso de llamarnos a nosotros sexo fuerte no era cierto. A veces, como en este caso, las chicas eran más decididas a la hora de plantar cara a las cosas.

Un día que bajábamos con el grupo nos hizo una propuesta sorprendente.

—Mi hermano quiere unirse a nuestra panda.

—¡Pero si es del Leti y está con los del Rubio! –comenté.

—Sí ¿y eso qué tiene que ver? Dice que está harto del Rubio, que es un mandón y además llevan un tiempo juntándose con la panda del Largo que, aunque no vienen a este colegio ni viven en el barrio, todos sabemos cómo son: unos macarras y unos navajeros.

Discutimos la propuesta y al final decidimos, como un signo de tolerancia, que, a pesar de estar en segundo y ser del Letimadrid, entrara a formar parte del grupo.

Carlos, cada día, estaba más por Verónica. Eso se nota. Aprovechando que estábamos solos, un día se lo dije.

—Tu eres tonto –se defendía–, a mí no me metas en líos. Verónica me cae bien y nada más –enseguida cambió de conversación (¡signo evidente!)–. Bueno, ¿sabes otra cosa?

—¿Qué?

—Le pregunté a mi padre eso del aire acondicionado. Dice que cuando vienen los ultras de otro equipo, los de aquí llegan hasta los autobuses donde viajan y los apedrean hasta romperles todas las lunas. Te puedes imaginar el frío que pasarán al regreso.

—Bien, por algo son los enemigos –traté de justificar la acción, pero en el fondo no me gustaba nada la información que acababa de recibir.

* * *

Rodrigo me esperaba en casa. Recogí a Lobi y nos fuimos a dar una vuelta.

—Chico, tú no sabes lo bien que le has caído a Lalo. –me espetó de momento.

—¿Quién es Lalo? –pregunté sorprendido.

—En realidad se llama Eulalio, pero todos le llamamos Lalo. Es uno alto, moreno, con el pelo rapado.

—¡Ah! Sí, el que parecía ser el jefe.

—Nosotros no tenemos jefe pero sí es el cabecilla que toma la mayoría de las decisiones.

—Me alegro de haberle caído bien.

—Dice que le trajiste suerte al equipo, que está muy de acuerdo en llevarte siempre como mascota y que es lo que necesita nuestra organización: gente joven comprometida con el club. Chico, lo que te digo, has caído de pie. Todos estamos de acuerdo en que vengas a los partidos.

—Sabes que me encantaría, pero no tengo dinero –respondí desolado.

—Las entradas corren de nuestra cuenta, igual que los viajes. Únicamente los gastos de bocadillos y bebidas. Si puedes dar algo para los tiffos, ya sabes: banderas, pancartas, mosaicos y esas cosas, bien y si no, no te preocupes.

—Muchas gracias, es el mayor regalo que me pueden hacer en mi vida, pero queda el permiso de mi madre. En esto no creo que pueda contar con el abuelo como aliado.

—He hablado con Anabel y está dispuesta a ayudarnos. Será nuestra intermediaria. Tú pórtate bien, hazle la pelota. Hay que ir de prisa porque el sábado viajamos para el norte. A ver lo que pasa con el Real Ovidio.

Las perspectivas del fin de semana eran maravillosas y no me daba la gana de exponerme a las posibles represalias, así que escondí las notas en un sitio en el que nadie pudiese dar con ellas.

Después de muchos tiras y aflojas con mamá, entre Anabel y yo conseguimos la autorización. El plan era que pasaría la noche de la víspera en casa de Rodri. Los autobuses salían muy temprano, había que aprovechar. Él compartía piso con otro chico. Me comentaba que siempre fue muy independiente, con su familia nunca se llevó demasiado bien, sobre todo a partir de que dejó los estudios, por eso estaba a gusto con su nueva vida. El trabajo no era una gran cosa pero le daba suficiente para vivir y, sobre todo, le permitían cambiar los turnos siempre que tenía que acompañar al equipo.

Pensé que, dada mi situación de mascota, tenía que estar acorde con las circunstancias. Nunca fui gastoso, como pasaba los fines de semana con papá, mis gastos era mínimos. Con las propinillas del abuelo y la asignación semanal de mamá, tenía ahorrados cerca de noventa euros, suficiente para la vida que emprendía. Marché al Rastro, me puse un pendiente y aguanté el dolor que me produjo el hacerme un tatuaje en el hombro con el escudo del Majéstic. Según me comentó Rodri, me había costado más barato de lo habitual. Sólo con esto, me quedé casi sin blanca. El capital no me dio para unas botas de militar como las de Rodri y la mayoría de los Radicales. Vi unas cazadoras negras geniales, una me hubiese ido de maravilla. No pudo ser. Desde luego, para los tiffos me quedaba poco. Ni a mamá ni al abuelo les hizo gracia lo del pendiente. De lo del tatuaje se enterarían mucho después.

La víspera del partido, aterricé con los bocadillos y mi hermana en casa de Rodri. Calculé que, como novios, querrían estar solos, así que mientras ellos se quedaban en el salón viendo la tele y charlando, yo me fui al dormitorio, sentía curiosidad y quería husmear entre sus cosas: presidiendo la habitación, en lugar destacado, había un póster enorme con lo que debía ser el prototipo del hincha radical colocado delante de una bandera de España: cabeza rapada, chaqueta "bomber" con escudo del equipo, pantalón militar, botas militares con punta metálica, cinturón con una hebilla metálica representando una calavera, navaja camuflada en el cinturón, guante con pinchos, camiseta con la cruz gamada. Lo que me sobrecogió fue la mirada de odio. Entre unas revistas estaba el carnet de socio con un monigote impreso semejante al del póster. Decía "RADICALES", y abajo "Siempre fieles". Luego venían los datos personales y el número de socio. Había muchas pegatinas, la mayoría con calaveras, cruces gamadas y cosas de militares, un puño americano, machete, fotografías del equipo con los jugadores actuales y otras antiguas. Tenía una buena cadena de música pero las cintas y los discos eran casi todos de marchas e himnos militares. Menos mal que encontré unas cintas de Dover y de Scorpia. Por lo menos pude entretenerme oyéndolas.

Acoplado en el sofá del salón y por culpa de los nervios, di tantas vueltas que casi ruedo por el suelo. A las seis treinta de la mañana sonó el despertador. Como un resorte salté del refugio. En un periquete estábamos preparados con nuestros bocadillos, nuestras trompetas, nuestras pancartas y nuestras banderas.

—¡Hola, Quique! –era el saludo cordial de Lalo– A ver si hoy nos traes la misma suerte que el otro día.

—¡Ojalá! Aunque el enemigo de hoy no es lo mismo.

—No hay enemigo pequeño –respondió.

A las ocho en punto estábamos enfilando la carretera. Durante la primera hora la gente iba relativamente tranquila, medio dormida, sólo se hablaba y se comentaba la marcha de la liga y de cómo el Majéstic se crece ante la adversidad.

Estuve callado y observando hasta la primera parada. Tomé un cola-cao y los demás, cafés y copas de aguardiente y coñac. Fui el último en pasar a los ser-

ULTRASSUR
CALES
RAS
E FIELES .

vicios y comprobé cómo habían arrancado el portarrollos y los urinarios tenían desconchones de las patadas. Algún que otro vaso roto "sin querer" fue el balance de deterioros.

Como un motor agónico al que le falta combustible y después de repostar arranca con fuerza, ésa fue la impresión que recibí de la vitalidad que recobró el grupo. Empezaron los cánticos de victoria, los vivas al equipo, los jaleos de empuje. No más de una hora y nueva parada. Aquí se renovaron los ánimos de destrucción. Después de ingerir algunos cubatas y cervezas, la euforia aumentó. De nada sirvieron las protestas del camarero cuando vio que el local quedaba cual campo de batalla después de pasar el enemigo: cristales rotos, papeleras y latas por el suelo, charcos de líquido derramado...

—¡Arriba! –ordenó Lalo, satisfecho de tales hazañas.

Como un solo hombre, saltamos al autobús. Pronto, acoplado en mi asiento, me contagié de la euforia y el goce de sentir los colores me hizo olvidar la cara de rabia y los insultos que nos lanzó el dueño del bar.

Tres paradas más. En todas se repitieron los hechos que relato. En la última, próxima a la ciudad, cerca del establecimiento, se había instalado un hombre de raza negra con su puesto de baratijas. Esta vez la idea partió de Rodri.

—¡Vamos a alegrarte la mañana, negro! ¿Te gusta bailar? –preguntó, mientras los demás rodeaban al pobre hombre que veía peligrar su mercancía.

—El colega te ha hecho una pregunta: ¡contesta negro! –gritó Lalo.

—No más que a tu p... madre –respondió el aludido, que no se amilanó ante la amenaza.

—¡Eh, chicos, mirad al negro cómo se envalentona! –nos decía nuestro jefe– Tiene ganas de juerga –hablaba arrastrando las palabras–. Pues la tendrás, negro asqueroso.

Obedeciendo órdenes, comenzaron las patadas con aquel ovillo de hombre que trataba de protegerse la cabeza.

—¡Chuta aquí! –gritaba uno mientras recibía el balón humano para lanzarlo con más fuerza.

—¡Aquí¡ ¡Aquí! –así uno y otro.

Las botas incrustadas en la oreja provocaron que del oído saltara un chorro de sangre que le cubrió parte de la cara.

—¡Arriba que viene la poli! –alguien alertó.

Saltamos al autobús no sin antes triturar la mercancía. Allí quedó el despojo. Yo no había participado en la orgía pero estaba desconcertado. Reflexionando sobre lo ocurrido pensé: "esto lo hacen para demostrar su fuerza y hacerse respetar ante cualquier enemigo".

Hacía ocho horas que habíamos salido de Madrid cuando llegamos a la ciudad.

El partido no tuvo tanta emoción si lo comparamos con el vivido en Madrid. Terminó con empate a uno. Los Symmachiari del Real Ovidio son más pacíficos, así que no hubo enfrentamientos. El viaje de regreso no tuvo tantas paradas.

—Si quieres seguir acompañándonos en los partidos –me advirtió Rodri– no cuentes a tu madre ni a Anabel lo que ha ocurrido. Mucha gente no entiende que a los negros y toda la basura que nos viene de fuera hay que darles caña, si los dejamos acabarán invadiéndonos. Es un servicio a la patria. Tenemos que darles miedo para que se vayan.

Me acordé del trabajo que hicimos en el colegio sobre el racismo y por eso no estuve de acuerdo con los argumentos de Rodri. Como no soy tonto, de sobra comprendí que estas cosas no se pueden contar. Desde fuera se ven de otra forma.

Era muy tarde cuando llegué a casa. Mamá estaba preocupada. Lobi me saludó diciéndome con sus ojos: "hoy me has tenido abandonado". Anabel me llamó desde la cama para preguntarme cómo había ido la cosa.

8
El delito

En el colegio, todos los hinchas del Majéstic me rodearon para que les contara con detalles el partido que ellos habían visto por televisión. Me preguntaban por el viaje y en ese momento me sentí un ser privilegiado al observar cómo despertaba la envidia de mis compañeros. Carlos también estaba contento porque los técnicos del Rayo Veloz lo habían elegido para formar parte de sus infantiles. Por supuesto, seguía siendo hincha del Majéstic pero eso no impedía que sintiese simpatía y afinidad con el Rayo.

—A la salida quiero hablar con vosotros –me dijo, en tono de confidencia, Rubén, el hermano de María, que había escuchado en silencio todos nuestros comentarios mientras el Rubio lo miraba con cara de pocos amigos.

"Este quiere hacerse el simpático", –pensé.

Mal empezaba aquella evaluación, y mis propósitos de enmienda se habían venido abajo después de un fin de semana tan ajetreado. Seguía soportando las clases al margen de todas las explicaciones de los profes. "A partir de mañana, tengo que superar este bache", –me prometí.

A la salida, esperamos las explicaciones de Rubén.

—Tened cuidado –nos dijo con mucho misterio–, porque me consta que el Rubio trama algo contra vosotros.

—¿Algo contra nosotros? –pregunté preocupado–. Tendrás que aclararnos esto. ¿Qué piensa hacer y por qué?

—El qué, no lo sé, pero el porqué está muy claro. Se muere de envidia por vuestros triunfos, no perdona el que yo me haya pasado a vuestra panda y tampoco olvida lo que le hizo Carlos con el archivador.

—Lo del archivador fue en venganza por lo del balón –comentó Carlos.

—Desde luego, y él lo sabe, pero es un tío rencoroso.

—¿Qué piensa hacer? –insistió el Pulga.

—Si lo supiera os prometo que os lo chivaría. Se guarda mucho de decir nada en sitios donde yo pueda oír, pero le conozco y sé que actuará a traición. Últimamente está muy amigo de la panda del Largo. ¡Ojo, son peligrosos!

Hubo diversos comentarios y al final decidimos plantarle cara a lo que viniese.

—Que nadie se vaya a su casa –dijo Carlos casi como una orden–, estaremos en el parque todos juntos. Esperaremos a ver qué pasa.

Aceptamos la propuesta de Carlos por dos razones: 1ª, teníamos que demostrar que no nos escondíamos; 2ª, en caso de un ataque por parte de no sé quién, era mejor estar unidos.

Sólo transcurrió media hora hasta que aparecieron

el Largo y sus seguidores. El Rubio no los acompañaba. El Largo, como indicaba su alias, era largo y flaco como un palo; su tronco soportaba una cabeza de pelo negro y enmarañado, con dos parabólicas a modo de orejas que le daban cierto aire de cerilla adornada. Por su longitud, sobresalía de todos sus seguidores como pastor dirigiendo su rebaño. Sólo con mirarnos llegamos a un acuerdo tácito de seguir charlando sin darle importancia pero atentos a lo que pudiese venir. Podría ser que: a) iban sólo a dar una vuelta; b) iban mandados por el Rubio. Pronto descubrimos que era más bien lo segundo.

—Hola, chicos –saludó el Largo con un tono que presagiaba batalla.

—Hola –respondimos sin mirarlo.

—Sois unos "capullos", que os creéis los amos del mundo y sólo sois unos pijos de mierda.

—¿Quieres pelea? –dijo Carlos plantando cara.

—¿Pelea contigo? Si no tienes ni media bofetada.

—Eso lo veremos, chulo matón –respondió Carlos mientras se abalanzaba sobre él–, eres un matón a sueldo.

Todos reaccionamos y se formó una melé, un rebujo de patadas e insultos hasta que dos de ellos sacaron las navajas.

—Esto se acabó, ¿no os enseñan en el colegio que es mala la violencia? Nos vamos pero os queremos dejar un recuerdo –el Largo dijo esto mientras rajaba con la navaja el pluma de Carlos, que le había costado un dineral–. Y tú –dirigiéndose a mí–, dame el reloj.

—¡Matón, asesino, hijo de p...! –le gritaba mientras

él cortaba la correa y se apropiaba del reloj que me había regalado el abuelo por mi cumpleaños.

Salieron corriendo y nosotros nos quedamos con nuestra rabia y nuestra impotencia.

Encontramos al abuelo que, en vista de mi demora, se había decidido a sacar a Lobi.

—Ni se os ocurra buscar venganza. Lo mejor es poner una denuncia en la comisaría.

—Abuelo, si es que tú no sabes... vienen de parte del Rubio, que es un cobarde y no da la cara.

—Sea lo que sea, esto hay que tratarlo como personas civilizadas y no ponerse a su altura.

El pitido del móvil me anunció que tenía un mensaje. Era de María: "¿Por qué no me has esperado a la salida?"

* * *

José, el tutor, a pesar de ser profe, tenía buen rollo. Era un tío competente que entendía los problemas de cada uno. Mamá le informó de la situación familiar que yo estaba padeciendo y desde ese día noté que me trataba con una cierta consideración. Me suspendía porque aprobarme hubiese sido injusto.

—Enrique –me dijo una mañana nada más entrar–, quiero hablar contigo. Pasa a la tutoría a la hora del recreo.

Enseguida me vinieron a la mente las notas, ese maldito boletín que cada noche esperaba a que me metiese en la cama para gritar mi delito. Acudí a la cita.

—Siéntate –me invitó, mientras yo obedecía órdenes y ocupaba el banquillo del acusado–. Todo el mundo ha entregado el boletín de notas firmado y el tuyo aún no lo tengo.

—Es que mi madre quiere que lo firme mi padre y como están separados, pues... –no pude terminar la frase, se me atravesó la mentira en la garganta.

—Mira, Enrique, creo que te conozco y se te da muy mal mentir. Llevas una temporada haciendo el vago. En la evaluación anterior te cargaron dos y en esta, cinco. ¿Qué te pasa?

Llegado a este punto, me derrumbé. Toda la tensión, todos los miedos, todas las angustias empezaron a salir en un torrente de lágrimas.

—Ocultar el boletín de notas a tus padres, tampoco es un delito tan grave –continuó hablando en tono cariñoso–. Siempre has sido responsable y nos vas a demostrar que lo de ahora es un bache pasajero. Confío en que volverás a ser el Enrique de antes. Hoy se lo entregas y les dices que vengan a hablar conmigo.

—Yo sé que tengo la culpa de todo –dije al comprobar que la bola de los miedos aflojaba y me permitía hablar–. Es muy fácil hacer el vago y luego echarle la culpa a los demás, pero también ha sido como una especie de venganza contra mi padre que nos ha abandonado.

—Estás diciendo tonterías; tu padre no te ha abandonado, simplemente se ha separado de tu madre. Eso les ocurre a muchas parejas.

—Entonces ¿por qué no viene a hablar con usted

para informarse de cómo voy? –hice este comentario para presentarlo más culpable, me guardé lo que me había dicho mi padre y su deseo de venir a ver al tutor.

—Ya lo hace tu madre. Mira, voy a darte una nota para él a ver si conseguimos que vengan los dos juntos para que les informe, pero prométeme una cosa: en cuanto llegues a casa, entrega el boletín.

Aquella entrevista me había liberado de un lastre que me pesaba y me ahogaba. No hablé con nadie y a la salida no esperé a María. Llegué a casa, saqué el boletín del escondite y fue el abuelo el primero que conoció mi derrota.

* * *

Pasado el rapapolvo, me alegré de haber formado todo aquel embrollo porque por primera vez, después de su separación, papá y mamá quedaron para ir juntos a la entrevista con el tutor y era yo el motivo de esa unión. No sabía cuáles iban a ser las consecuencias, pero estaba decidido a cumplir la condena que me impusiesen.

Mamá pidió en el trabajo salir unas horas antes, papá dejaría todo preparado en la planta para poder ausentarse (era jefe de mantenimiento en una industria de productos químicos), el tutor se quedaría un rato más fuera de su horario habitual. Todos trastrocaron su mundo para dictar sentencia y de esta forma tratar de ayudarme. A pesar de lo que se me podía venir encima, me sentí satisfecho sobre todo por papá, que jamás había abandonado su trabajo por nada.

Mamá acudió a la cita a la hora en punto y pasó enseguida a la tutoría, donde esperaba José. Yo, ansioso, esperaba en la puerta la llegada de papá para indicarle dónde era la visita. Diez minutos de espera y sonó mi teléfono. "Malo". –Pensé–. En efecto, era papá para decirme que problemas de última hora le impedían acudir a la entrevista. "Tu madre que me informe luego de todo lo hablado". No respondí. Pasó el Butano, que se había quedado rezagado porque nunca tenía prisa por llegar a su casa.

—¿A que no eres capaz de una cosa? –le dije disimulando la rabia y la pena que sentía.

—¿El qué? –preguntó sorprendido.

—Vamos a saltar encima de un coche.

—¿Por qué?

—No sé. Será divertido cuando mañana se hable del asunto y sólo nosotros conoceremos los autores del delito.

—¿Y si nos descubren?

—No, mira ese Ford blanco, está muy escondido. Nadie nos verá.

En un periquete saltamos y sobre él bailamos, retozamos y dimos tales botes y patadas que el techo quedó como un acordeón. Terminada nuestra obra salimos a escape como dos delincuentes que acaban de cometer un delito.

Ni tomé la merienda ni quise hablar con el abuelo, que me esperaba, ni respondí a las fiestas de Lobi. Alegué dolor de cabeza para quedarme en casa.

—Estás raro –fue el único comentario del abuelo.

Cuando llegó mamá, yo estaba metido en la cama.

—¿Qué te pasa?

—Me duele la cabeza.

—No me extraña, es tu mal comportamiento que no te deja vivir. Hablaré con tu padre a ver qué le ha ocurrido.

—Me llamó para decirme que había tenido problemas en el trabajo.

—De todas formas hablaré a ver qué solución le damos a todo esto.

No repliqué. Durante toda la noche sentí cómo el remordimiento me devoraba.

9
El rehén

Resultó que el coche era de la profesora de educación física, que se había quedado en un entrenamiento. En todos los corrillos no se hablaba de otra cosa: "dicen que fueron chicos del colegio". Era el comentario más común. El Butano y yo no cambiamos palabra, procurábamos mantener las distancias para no delatarnos. A la media hora de entrar en clase llegó el conserje.

—Por favor –le dijo a la profesora–, que salga Enrique Salvatierra.

Todas las miradas se clavaron en mí, queriendo escrutar y descubrir el porqué del requerimiento. "Quique, tranquilo", me dije en medio del miedo y el desconcierto que sentía.

El director me esperaba para un interrogatorio. Todavía no comprendo cómo pude tener la sangre fría de negarlo todo.

—Ha sido algún alumno, de eso no hay duda –afirmaba.

—¿Y por qué yo? –respondí con el mayor cinismo.

—Porque el tutor dice que estabas en la puerta esperando a tu padre. Si no fuiste tú, podías haber visto algo.

—Mi padre me llamó para decirme que no podía

venir. Me marché enseguida; no vi nada –respondí fingiendo tranquilidad.

Después del recreo hubo otra llamada al despacho del dire. Aquí ya empecé a perder los nervios.

—Mira, Enrique, la policía que viene a controlar el tráfico a la salida asegura que te vio merodear por la puerta. La profesora afectada está dispuesta a llegar hasta donde sea necesario para descubrirlo todo. Si interviene la policía te aseguro que darán con el culpable, se abrirá una investigación y, en este caso, quien haya sido pasará a tener antecedentes penales.

Me derrumbé del todo y mi llanto acabó por lanzarme en manos de la justicia. Confesé que había actuado en un momento de rabia, que había sido yo solo y que no sabía por qué lo había hecho pero que estaba arrepentido. En ningún momento quise involucrar al Butano. Hubiese sido una villanía por mi parte. Yo fui el inductor y el que tenía que pagar: "Gracias –me dijo, bajito, en un arranque de honradez–; en mi casa, si se enteran, me muelen a palos".

Avisadas todas las partes, el director y el tutor se reunieron con papá y mamá. Esta vez nadie faltó a la cita. Ya era culpable confeso; con muchos nervios paseaba por el pasillo hasta conocer la condena. Eran varios delitos acumulados y estaba dispuesto a pagar por todos ellos, es más, sentía la necesidad de redimir mi culpa para calmar los remordimientos. Cuando fui requerido entré, y delante del "tribunal de los cuatro" volqué mi alma: les dije que me sentía como un delincuente, que me impusieran el castigo que considerasen oportuno, que sería para mí una liberación pagar por todo el daño que había hecho, que no me dieran paga hasta compensar, en parte, lo que papá tendría que pagar por el arreglo del coche, que me esforzaría hasta el límite para recuperar los suspensos. Cuando se me acabaron los argumentos, cuando solté todo el lastre que me atormentaba me abracé a papá : "¿por qué no viniste la otra tarde?", le dije llorando. Terminamos los tres abrazados y juntando nuestras lágrimas. Papá acabó reconociendo que no calculó el daño que me hizo por no venir.

Fue justa la condena: el tiempo libre lo dedicaría a estudiar a fondo para recuperar lo perdido, no saldría con mis amigos, sólo a pasear a Lobi, que no tenía culpa de nada. Esto lo acepté sin rechistar, pero lo que más trabajo me costó fue el tener que dar la cara con la profesora afectada; tuve que pedirle disculpas delante de mi padre, quien a su vez se comprometió a pagar los gastos del arreglo. Yo, en una mínima parte, contribuiría renunciando a la paga semanal y entregando las propinas del abuelo. La profe se mostró comprensiva y valoró el gesto de honradez.

* * *

El teléfono móvil fue un elemento útil durante el tiempo que cumplí condena. María y yo aliviábamos nuestras soledades mandándonos mensajes: "¿Cuál es el resultado del ejercicio 6 del tema 7 de mates?" o "Si no juegas al fútbol mañana en el recreo hablamos".

Cosas así. Terminamos por ser íntimos amigos. Lobi, como buen compañero, se acostaba a mis pies mientras que yo intentaba ganar la batalla a tantos libros y papeles que había abandonado durante los últimos tiempos.

Rodri, cuando se enteró de la movida, llegaba a casa un rato antes de que viniese Anabel y, por supuesto, antes que mamá. Junto con el abuelo charlábamos del tema que nos apasionaba a los tres: el fútbol.

Los triunfos del Barcarola nos molestaban, pero estuvimos de acuerdo en que el equipo vivía dos temporadas: se arrastraba por la Liga y se transformaba con los de fuera; no había nada más que ver el triunfo con el Otorpo para la copa de Europa.

—Yo he visto el vídeo –comentó el abuelo– y hay que reconocer que Rovaldo los ha mandado a casa contentos. Con la zurda, y de rosca, envió el balón junto al palo derecho y entró a la red, y el último gol fue una jugada personal.

—Nuestro fracaso contra el alemán fue porque se juntaron tres delanteros y se desprotegió el medio campo –aseguraba Rodri–. Banelka también tuvo culpa. Ni mucho menos están justificados los millones y el apoyo de Del Prado. Se movió como un anciano. Nunca ayudó a Paul, ni una sola vez consiguió abrir brecha en la defensa alemana.

—Y encima el tío va y se enfada –continué yo–, porque dice que no lo tratan bien. No quiere acudir a los entrenamientos. Es un jeta, he leído que el Majéstic lo va a transferir. Su hermano y él se molestaron porque Del Prado no lo incluye para el partido contra el Híspalis.

—Por cierto –me propuso Rodri–, ¿te busco entrada para el partido?

—No puedo –respondí–, ya sabes que estoy cumpliendo condena.

—Bueno, tampoco es un partido de los más interesantes.

—Déjalo tranquilo que no está el horno para bollos. Tiene mucho que estudiar –recomendó el abuelo.

—Abuelo, se me ocurre una cosa: yo voy a estudiar a tope, Anabel me ayudará en los deberes, renuncio al partido del Híspalis, pero, por favor, intercede para que me dejen ir al del Letimadrid. Es un derby que no me lo quiero perder.

Cuando se marchó Rodri me quedé pensando en el interés que se tomaba por mí, en lo amable que era con el abuelo, en el cariño que mostraba con Anabel y no me cuadraba su imagen con la de una persona furiosa pateando a un hombre de raza negra. Parecía que junto al grupo de Radicales se transformaba. Nunca hablábamos de las actuaciones violentas que presencié. Sólo una vez que me adivinó un poco receloso, me dijo que todas aquellas movidas le servían para descargar tensiones.

¡Qué buena, mi hermana! Dedicó parte de su escaso tiempo libre, para ayudarme en los estudios. Ella misma comprobó mi interés y por eso intercedió ante mamá para que me dejase ir al partido. Cuando tuve el permiso concedido, el abuelo no puso buena cara, yo sabía por qué.

* * *

No me tomé el día libre como la vez del Barcarola, quedé con Rodri una hora antes del partido. Me dijo que la poli no les dejaba concentrarse en la puerta del estadio para que no se enfrentaran con los del Frente Letimadrid, así es que nos vimos en el bar donde se juntaba el grupo. Salimos por una boca de metro cerca del estadio y la policía nos escoltó hasta dentro del campo. Observé que hizo lo mismo con los otros. Guardaba, como un tesoro, mi nueva bandera para desplegarla en el momento oportuno. Para no variar, todos los Radicales llevaban puesta su buena dosis de alcohol.

Recibimos la consigna de que, puesto que la hinchada del Leti dominaba dentro del campo, nosotros teníamos que redoblar los gritos de apoyo y los insultos al contrario.

En mi papel de mascota, grité, salté, animé hasta la extenuación. A los enemigos, como estaban en su terreno y en mayor número, se les oían más los insultos; nunca en mi vida había oído cosas semejantes. Todo lo que más puede herir a unas personas, todo lo que más puede humillar, salió por boca de los contrarios. No hubo demasiados goles y el encuentro terminó con un empate a uno. Como anécdota curiosa: en un momento del partido hubo unas explosiones en las gradas donde estaban situados los del Frente Leti. Parece que partieron de las bolsas y las mochilas que llevaban, cosa rara dado el registro minucioso que les hacen a la entrada para detectar petardos, bengalas y cualquier otro material explosivo. Actuaron los extintores y no llegó la cosa a más, todo quedó en el susto.

El acuerdo con Rodri era el siguiente: Anabel terminaba su trabajo sobre las once de la noche, así que yo permanecería con el grupo hasta esa hora y él me llevaría al encuentro con mi hermana, ya que ella estaba cansada y pensaba marcharse. Aunque esto suponía llegar algo más tarde a casa, a mamá le pareció bien porque así regresaríamos los dos juntos en un taxi.

Seguro que la consigna partió de Lalo: nos dispersaríamos a la salida para despistar a la policía, y nos encontraríamos en un punto determinado un poco alejado del estadio. La orden pasó de unos a otros con mucho sigilo por si alrededor había algún topo infiltrado. El objetivo era salir al encuentro de los del Frente Leti y darles su merecido por los insultos proferidos durante el partido. "Esos 'capullos' no se ríen de los Radicales", fue el comentario de nuestro jefe. Sentí miedo porque temía que se repitiesen las escenas de violencia que ya había vivido en anteriores ocasiones, pero hubiese sido una cobardía el no seguir con ellos. Por otra parte me parecía bien que recibieran su merecido: se habían pasado un pelín.

Media hora tardamos en avistar al enemigo en la confluencia de dos calles mal iluminadas. El sitio era ideal para entablar la batalla. La oscuridad de la noche tapaba a las pocas personas que transitaban.

—¡Eh! capullos, a ver si tenéis valor (dijo otra cosa) de repetir lo que habéis dicho en el campo –gritó Lalo desafiante.

—¡Estos hijos de... son unos fanfarrones, pijos engreídos! Sí, eso que habéis oído y mucho más, es lo que sois. ¿Os creéis los amos del mundo? ¿Queréis bronca? Pues la tendremos –gritó el que parecía ser el jefe.

Yo observaba con miedo a unos y otros: las miradas de odio y los insultos más atroces se cruzaban. Previniendo el ataque cuerpo a cuerpo me separé de mi grupo y busqué un punto equidistante entre los dos bandos. Esto fue mi perdición: en volandas, el cabecilla me atrajo hacia él.

—Ven para acá, muñeco –decía mientras envolvía mi cuello con un brazo que parecía de acero y me arrimaba la punta de una navaja al cuello–. Ahora vais a hacer lo que yo diga o rompo a vuestro muñeco por la mitad.

Todos los letimadriles rieron la ocurrencia, mientras los Radicales atendían sin respiración. Fue todo tan de sorpresa que tardé unos segundos en reaccionar. Traté de quitarme el "collarín".

—¡Eh!, muñeco, no te muevas o te rompo.

Aquella comparación constante con un muñeco me humillaba enormemente. Pronto comprendí que, en efecto, en ese momento no era nada más que un muñeco en sus manos.

—Mira, "capullo" –se dirigía a Lalo y hablaba con chulería–, ahora vas a hacer lo que yo te diga. ¡Eh!, chicos, ¿queréis un ratito de diversión? –se dirigió a los suyos?. Vamos a improvisar una corrida de toros, tenemos delante a un cornudo que lo hará muy bien.

Venga, tú –le dijo a Lalo mientras uno del grupo desplegaba una bandera a modo de muleta–, embiste.

Lalo y nuestro grupo seguían paralizados.

—¡Eh! toro, ¡eh! toro, venga ese arranque, a ver como mueves esos cuernos tan hermosos.

Lalo miraba desconcertado. La luz de una farola reflejaba el odio del ambiente. Mi respiración de bufido movía los vellos del "garfio", que cada vez apretaba más y me hacía sentir un cosquilleo en la nariz y un roce de muerte en la garganta.

—Toro, estás agotando mi paciencia. Si no embistes pronto, verás cómo este muñeco se manchará de rojo la camisa.

Vi mi cuerpo caído bañado en un gran charco de sangre. Saboreaba y olía el tufo de muerte. El pánico nublaba mis sentidos. Lalo miró hacia un lado y otro como pidiendo a la noche que tapase su humillación. Por fin se arrancó. Agradecí su gesto por salvarme. Un coro de olés jaleó la embestida. "¿Qué vendrá ahora?", pensé mientras sentía que se me mojaban los pantalones. Veía cómo aumentaban las venas del "garfio", fuerte y escultural.

—¡Hijos de...! –sonó una voz estentórea.

—¡Chissss! Sed buenos chicos porque si no, mirad cómo se rompe el muñeco.

Sentí que un hilo espeso y tibio me bajaba del cuello hasta mancharme la camiseta.

—Y ahora –continuó mi secuestrador–, arrodíllate y bésame los pies.

Los labios de Lalo rozaron la punta de la bota a la

vez que recibía en la boca un tremendo puntapié que hizo resbalar un chorro de sangre por las comisuras. Dentro de un escupitajo rojo, saltaron tres dientes. Rodó por el suelo. Los nuestros intentaron auxiliarle.

—¡Quietos! que este toro me toca a mí.

Sonó mi teléfono dentro del bolsillo. Hice un leve movimiento y el "garfio" apretó hasta casi dejarme sin respiración. Tres chicos jóvenes pasaron y al ver la escena huyeron despavoridos. "Estos pueden ser mi salvación", pensé.

—Terminó el espectáculo –siguió gritando mi torturador–, ahora, como buenos chicos, os vais alejando. Soltaré al muñeco cuando lo crea oportuno.

El grupo comenzó a dispersarse con Lalo sangrando por la boca. Rodri caminaba de espaldas para no perderme de vista. Doblarían la esquina y los perdería. Ahora sí que estaba solo con el monstruo.

—¡La poli! –gritó uno.

La garra me dejó libre y los enemigos volaban como hojas empujadas por el viento.

Un llanto convulsivo me derrumbó en brazos de la policía. Sentado dentro del coche-patrulla y mientras me limpiaban la pequeña herida del cuello, tardé un rato hasta que recobré el habla y pude contarles lo ocurrido.

Cuando llegué a casa, mamá se asustó al verme escoltado por la policía.

—¿Dónde estabas? Te he llamado por teléfono.

Entre un nuevo torrente de lágrimas y con ayuda de mis liberadores, ella pudo saber la tragedia que acababa de vivir. “Señora, descuide que a toda ese gente la tenemos fichada y recibirán su merecido por secuestro y amenaza de muerte”. Mamá se deshizo en agradecimientos.

Anabel tardó poco tiempo en aparecer, desconcertada porque Rodri no había acudido a la cita. Sufrió al enterarse de todo lo ocurrido.

Mamá me cubrió de besos, me arropó y derrochó toda su ternura; mi hermana pensó que era mejor que tomase un sedante. Los mimos y la pastilla me tranquilizaron y consiguieron que descansara algunas horas.

10
La Copa

En mi vida siempre habrá un antes y un después del secuestro. Durante unos días fui el más popular del colegio. Mis amigos y yo contábamos la historia una y otra vez, los profesores me preguntaban. Todos, incluso los del Leti y los del Rayo Veloz, lamentaron lo ocurrido. El Rubio no dijo nada, no sé lo que pensaría. El tutor creyó oportuno organizar un debate en clase, en el que se pusieron de relieve las consecuencias de los fanatismos y la violencia. A mí no me tuvieron que convencer para que las rechazara, las había vivido en propia carne.

Sin esperar el fin de semana, a los tres días del suceso nos reunimos papá, mamá, el abuelo, Anabel y yo para merendar. A Lobi no lo dejaron entrar en el establecimiento y nos esperó, paciente, en la puerta. Hubo un acuerdo tácito para que nadie hablase de lo ocurrido. "Quique, procura olvidar, hay que mirar al futuro", dijo papá. No me dejó que le repitiese la historia. ¡Qué gozada ver a todos juntos!

El director recomendó a mamá la conveniencia de recibir apoyo por parte del psicólogo del colegio. Lo rechacé porque comprobé que tenía el apoyo más importante: el cariño y la comprensión de toda la familia; ellos me ayudaron a superar el trauma poco a poco y me hicieron ver, con sus acciones, que estaba equivocado en muchas cosas.

Papá y mamá siguieron viviendo sus vidas por separado, pero recibí tanto amor, tanto desvelo por parte de cada uno, que desapareció todo el recelo que tenía. Había sido injusto al sentirme huérfano y abandonado. En una de las salidas con papá, me prometió que si terminaba bien el curso, la próxima temporada tendría un carnet del Majéstic. El abuelo se comprometió a sacar otro para acompañarme. Estas promesas y el sosiego que tenía me dieron fuerzas para seguir trabajando en mi empeño de recuperar todas las asignaturas; lo conseguí. Anabel estaba triste, no sé cómo seguía su relación con Rodri, que por supuesto no aparecía por casa ni lo volví a ver. Me atreví a preguntarle y me contestó: "seguimos siendo amigos, nada más".

Tuve un susto al atender una llamada de la policía: "no pasa nada, tranquilo, hemos recuperado el reloj que te robaron, pasa a recogerlo". Le habían seguido la pista al Largo hasta que le requisaron varios objetos robados, entre ellos mi reloj.

Volvieron las charlas, en el parque, con mis amigos. Carlos estaba cada día más considerado entre los infantiles del Rayo. Abiertamente me confesó un día sus preferencias por Verónica. Lo mío con María estaba claro, ella también había superado parte del bache y ya tenía permiso para salir, así es que aguantando las bromas de los demás, cada vez eran más las veces que nos apartábamos del grupo para salir los cuatro juntos. En estos encuentros hablábamos de cosas personales, de asuntos más íntimos que no se podían tratar con el grupo. Con el Pulga, Toni, Rubén y los demás de la panda el tema favorito era el fútbol. Recuerdo los momentos que, en este tema, vivimos todos los aficionados con mayor intensidad cuando nos medimos con el Ranchester, por ejemplo, que era el equipo que estaba jugando mejor al fútbol en ese momento y desbaratamos todos los pronósticos de sufrir una goleada. Todo fue de igual a igual, atacamos con la máxima intensidad. Todos los figurones del Ranchester pasaron desapercibidos durante el encuentro. El resultado 0-0 lo demostró.

La derrota del Barcarola frente al Kelsea, partido en la liga de Campeones, nos llenó de gozo. En ocho minutos, el inglés le metió tres goles. Tanto el entrenador como los jugadores estuvieron de acuerdo en que, gracias al gol que marcó Rigo, la derrota fue más llevadera.

Nos hizo gracia el enterarnos, por la prensa, que las explosiones que se habían producido entre los del Frente Leti y que yo presencié, fueron porque dentro de los bocadillos y para que no se detectaran en los registros, habían puesto petardos a modo de salchichas; resultó que con la levadura del pan se había producido una reacción química que dio lugar a las detonaciones.

El caso del Letimadrid después del encuentro con el Real Ovidio fue patético, todos quedaron sumidos en una gran depresión. La cosa, por anunciada, no fue menos amarga. Se preguntaban cómo era posible que un club que atesoraba en sus palmarés el haber ganado nueve ligas, una supercopa, una recopa.... con un presupuesto de cerca de cien millones de euros, pasara a segunda división. Por supuesto, la afición, como debe ser, siguió fiel a su equipo. Entre nosotros había distintos puntos de vista; Carlos llegó a decir: "ojalá desaparezca", y el Pulga: "yo no quiero que desaparezca porque así disfruto viéndolos sufrir". Yo, en cambio, llegué a sentir pena por los buenos aficionados como Rubén. De que sufrieran el Rubio y los bestias del Frente Leti, me alegré.

Nuestro doblete quedaba descartado al proclamarse el Airiños campeón de Liga. Todos pusimos la meta en la Copa de Europa. Nosotros íbamos a por ella pero, de todas formas y en el peor de los casos, se quedaría en España ya que nuestro competidor era la Albufera.

Nunca había visto al abuelo tan entusiasmado, tanto que se empeñó, con todas sus fuerzas, en conseguir dos entradas para la final que se celebraría en París. Buscó enchufes, guardó colas, hizo lo imposible hasta que consiguió dos boletos para acceder al Saint Denis, el estadio más moderno del mundo. No tuvo paciencia y me esperó, con los "trofeos" en la mano, en la puerta del colegio. "¡Quique, que nos vamos!", gritó nada más verme. Lo abracé con tal fuerza que no me di cuenta de que Lobi me arañaba con sus patas, reclamando mi atención.

Carlos también viajaría con su padre. Éramos la

envidia de la panda. Entre nosotros no se hablaba de otra cosa. Esos días previos, tuvimos a las chicas un poco abandonadas. El padre de Carlos se ocupó de que fuésemos en el mismo autobús. Los nervios nos hicieron la espera insoportable. Hacíamos planes para el viaje: qué íbamos a llevar, cómo sería París... en fin, una locura.

¡Qué tío más grande el abuelo! Alegando que era muy mayor para darse ese atracón de autobús, cedió la entrada a papá. Yo sé que fue un gesto de cariño y que él se quedó con las ganas.

* * *

Tres paradas en todo el viaje. Íbamos los cuatro juntos. Papá me sorprendió hablando con un conocimiento del tema como el mejor hincha. No paramos de gritar el "sí, sí, sí, ya estamos en París" o el "campeones, campeones, campeones, oé, oé, oé" y no sé cuántas cosas más. Llegamos roncos. El autobús nos dejó en la puerta del estadio. Aún faltaban seis horas para el encuentro. Cogimos un tren de cercanías que nos trasladó a la ciudad. El centro estaba tomado por las dos aficiones. Los Campos Elíseos, el Arco del Triunfo y la Torre Eiffel eran un mosaico de banderas, de pancartas con los colores del Majéstic, del Albufera y de España. Los gritos, los cánticos, las trompetas hermanaban a las dos aficiones que vivían juntas su gloria.

Y llegó la hora de la verdad. El campo era un compacto humano vibrante aun antes de empezar el juego. Nuestro dominio se notó desde el principio del partido. Empezó por la defensa, donde Holguera interceptó a Piojo Pérez con una seguridad impresionante. La cohesión del Majéstic fue perfecta. Macca, Risondo y Paul dispusieron del balón en cantidades industriales. Ponientes aprovechó un balón que le pasó Holgado para meterlo, de cabeza, en la red. A partir del gol de Macca se vio que las oportunidades del Albufera eran nulas.

El 3-0 nos dio la octava Copa de Europa. Fueron momentos de delirio. Los jugadores se abrazaban, se besaban, Risondo a la copa, Baranda a la calva de Renato Carlos, los espectadores, sin dejar de gritar y saltar, compartíamos abrazos. El mío con papá tuvo un significado especial; fue un abrazo prolongado en el que los dos notamos cómo caían barreras para dejar paso a corrientes de cariño. Pensé en el abuelo, ¡cómo hubiese gozado!, agradecí la renuncia que había hecho para que yo fuese feliz, en mamá, tan cariñosa, en Anabel con su desengaño, y en todos los amigos que nos estarían siguiendo por la tele. Clavados en la grada veíamos a los campeones pasear la copa alrededor del estadio, Sancho la agarraba para poseerla en su totalidad. Todos queríamos traernos grabados en las retinas

esos momentos mágicos que sólo los puede entender un hincha fiel. Nadie se movía. En un gesto de deportividad aplaudimos al Albufera, que había aguantado con dignidad la superioridad del Majéstic.

* * *

Por mi buen comportamiento y para compensar el esfuerzo hecho en los últimos tiempos, mamá me regaló un balón de reglamento.

11
La promesa

Cuando los jugadores, pasados unos días del triunfo, tuvieron una etapa de más sosiego, el padre de Carlos cumplió su promesa: llevarnos al campo para presenciar el entrenamiento. Desde que se confirmó el día y la hora, Carlos y yo batimos otro récord de nervios. Ninguno de la panda se lo creía, ni nosotros mismos, pero fue cierto. Llegamos al campo con más de media hora de adelanto, tal era nuestra impaciencia. Nos acomodamos en las gradas vacías, las mismas donde tantas veces, habíamos animado a nuestros héroes a quien ahora veíamos en su propia salsa, corriendo y haciendo verdaderas acrobacias con el balón.

La hora suprema llegó cuando, terminado el entranamiento, nos dirigimos a los vestuarios. Mi amigo y yo nos quedamos clavados en la puerta, sin atrevernos a profanar aquel recinto –que, para nosotros, era sagrado–, al que tienen acceso muy pocos provilegiados. Nosotros, dos simples hinchas, estábamos a punto de realizar uno de nuestros sueños. Fue la voz del "míster", invitándonos a pasar, la que nos sacó de nuestro atontamiento. Por fin: allí estaba Holguera, a quien tan mal trataron los italianos; Macca, el inglés que venía del Poolverli; los chicos de nuestros barrios, Paul, Castilla... y todos los demás, simpáticos, normales, como si fuesen gente corriente. Hablaron con nosotros y de momento nos quedamos mudos. Fue Carlos el primero en arrancar y contarles su afición por el fútbol y los deseos que tenía de que en un futuro fuese su profesión. Yo en esto estuve en desventaja y sólo supe contestar a las preguntas que me hicieron. Nos agradecieron nuestra fidelidad incondicional y nos animaron a que fuésemos buenos estudiantes y a que amásemos el deporte. Eso, según Paul, que fue el que lo dijo, nos alejaría de malos rollos.

Sacamos fotos y firmaron nuestros balones.

* * *

Las fotografías, como podéis imaginar, corrieron de mano en mano por más de medio colegio. María entendió, a medias, mi satisfacción. No se lo tuve en cuenta porque las chicas... ya se sabe. El abuelo, en cambio, gozó conmigo. Nuevamente despertamos envidia, incluso entre los del Leti, tan desolados como estaban. La ampliación en 50 por 30 de una de las fotos junto con el balón firmado, preside mi cuarto. Son mis reliquias. Después de todo lo vivido, comprendo mejor lo que es sentir los colores, pero de manera diferente.

ÍNDICE

COLECCIÓN PUNTO JUVENIL

A partir de 12 años

1. **El bosque de los castores**, de *Philippe Ebly.* **4.ª** ed.
2. **Puertas afuera**, de *Molly Glos.* **3.ª** ed.
4. **El robot que vivía su vida**, de *Philippe Ebly.* **4.ª** ed.
5. **La expedición del pirata**, de *Jack London.* **6.ª** ed.
6. **Fuera de juego**, de *Norbert Müller.* **3.ª** ed.
9. **Tim el salvaje**, de *Gary L. Blackwood.* **8.ª** ed.
11. **El rapto del dios blanco**, de *Philippe Ebly.* **2.ª** ed.
13. **Cazadores de osos**, de *Maine Reid.* **2.ª** ed.
14. **Los días de Lina**, de *Concha Castroviejo.* **2.ª** ed.
22. **Fernando el temerario**, de *José Luis Velasco.* **13.ª** ed.
34. **Los corsarios del espacio**, de *Philippe Ebly.* **2.ª** ed.
38. **2117, el año del terror**, de *Philippe Ebly.*
41. **El valle de los cíclopes**, de *Philippe Ebly.* **2.ª** ed.
58. **Bajo el volcán lila**, de *Josep Gòrriz.* **4.ª** ed.
59. **El secreto del ordenador**, de *Maria Aymerich.* **9.ª** ed.
61. **Más allá de las tres dunas**, de *Susana Fernández.* **9.ª** ed.
63. **Mi tío Moctezuma**, de *Ana M.ª Romero Yebra.* **3.ª** ed.
66. **Los cuadros del tiempo**, de *Antonio Gómez Montejano.* **5.ª** ed.
68. **Sentir los colores**, de *M.ª del Carmen de la Bandera.* **7.ª** ed.
69. **Mande a su hijo a Marte**, de *Fernando Lalana.* **7.ª** ed.
74. **El enigma de los nuevos piratas**, de *Pedro Casals.* **2.ª** ed.
79. **Las extrañas aventuras del Brañas**, de *Isidoro Castaño.*
83. **Pequeñas historias del Globo**, de *Àngel Burgas.* **2.ª** ed.